coleção  primeiros passos 316

Renata Pallottini

O QUE É DRAMATURGIA

editora brasiliense

copyright © by Renata Pallottini, 2005
Nenhuma parte desta publicação pode ser gravada,
armazenada em sistemas eletrônicos, fotocopiada,
reproduzida por meios mecânicos ou outros quaisquer
sem autorização prévia do editor.

1ª edição, 2005
4ª reimpressão, 2018

Diretora editorial: *Maria Teresa B. de Lima*
Editor: *Max Welcman*
Coordenação de Produção: *Laidi Alberti*
Revisão: *Beatriz de Cássia Mendes*
Foto de capa: *Comstock/Other Images*
Atualização da nova ortografia: *Natália Chagas Máximo*

Dados Internacionais de Catalogação na Publicação (CIP)
(Câmara Brasileira do Livro, SP, Brasil)

Pallottini, Renata, 1931 -
  O que é dramaturgia / Renata Pallottini. -- São Paulo:
Brasiliense. 2013. -- (Coleção Primeiros Passos; 316)

  ISBN 978-85-11-00078-8

  1. Drama 2. Teatro (Técnica) I. Título. II. Série.

05-1464   CDD-792

Índices para catálogo sistemático:
1. Dramaturgia : Teatro: Artes da representação   792

Editora Brasiliense Eireli
Rua Antonio de Barros, 1586 – Tatuapé
CEP: 03401-001 – São Paulo – SP
www.editorabrasiliense.com.br

SUMÁRIO

Advertência 7
Prefácio – A dramaturgia como teoria 9
Afinal, o que é dramaturgia 13
Ação dramática e conflito 23
Teatro épico e dramática rigorosa.................. 83
Análise de um texto do teatro épico 103
Conclusões 120
Indicações para leitura 127
Sobre a autora 129

ADVERTÊNCIA

O texto que hoje vem integrar a coleção Primeiros Passos, sob o título *O que é dramaturgia*, é a retomada e reconfiguração de um livro cuja primeira edição foi também publicada pela Editora Brasiliense: *Introdução à Dramaturgia*.

Esse primeiro livro era já o texto revisto, para uso de leitores de todos os tipos, de uma tese de doutoramento por mim defendida na Escola de Comunicações e Artes da Universidade de São Paulo (ECA), em 1982.

Sempre me preocupei – ao escrever prosa e, na prosa, ensaios – em ser legível. Meu grande objetivo era a clareza, a possível simplicidade de um trabalho mais ou menos científico. Por isso, já o texto da tese tinha sido pensado e, em consequência, escrito sem complicações dispensáveis.

Mesmo assim, procurei ainda torná-lo o menos acadêmico que se possa imaginar. Claro está que ele é, em sua maior parte, um esboço filosófico, e a filosofia é, por natureza, abstrata e racional. Mas tenho a pretensão de ter alcançado um texto limpo.

Esgotada aquela primeira edição, uma segunda foi publicada por outra editora com alguns cortes julgados, àquela altura, necessários.

A edição que hoje se publica voltou a ter os textos omitidos na segunda e foi acrescida de um novo trabalho que a adaptou aos objetivos da coleção na qual se insere.

Espero ter conseguido conservar o caráter que fez deste livro um relativo sucesso entre estudantes e estudiosos. Espero também conseguir novos leitores. Afinal, é isso que sempre se quer e é para isso, principalmente, que escrevo.

PREFÁCIO
A DRAMATURGIA COMO TEORIA

Ninguém escreve teatro com base em receitas ou regras fixas. A dramaturgia é (ou deveria ser) um ato de criação. E o poder criativo, em sua própria essência, nega a submissão a quaisquer códigos ou padrões estabelecidos. É, na verdade, um ato de rebelião quase permanente. Que só atinge um significativo nível de expressão justamente quando nasce da liberdade de recusar fórmulas e mesmo do desafio de instaurar novos e, quem sabe, surpreendentes valores. É evidente que isso não significa que cada peça de teatro transforma radicalmente a estrutura e a linguagem específicas da dramaturgia. Nem que a história da literatura dramática possui um desenvolvimento isolado e autônomo. Ao contrário, está profundamente inserida no processo histórico-social. E também depende, em menor ou maior grau, das relações de produção e de poder. O dramaturgo exerce seu difícil trabalho criativo nas entranhas de um irrecusável mundo real, que possui suas contradições e perspectivas, perplexidades e exigências. Compreender essa, às vezes complexa, relação dialética é assumir de forma criativa e transformadora a liberdade de expressão.

Ninguém pode estabelecer um rígido código de normas cênico-literárias. Mas elas existem. Não tem sentido ignorá-las. São formuladas por teóricos que, certos ou não, pretendem promulgar leis. Ou, de maneira menos sistemática, são reveladas pelos próprios dramaturgos por meio do conceito e da estrutura de suas obras. Também a reflexão crítica, exercida com lucidez e espírito de análise sobre a produção da literatura dramática, em seus diferentes períodos ou fases históricas, discerne aspectos gerais e aponta suas manifestações particulares, revelando as chamadas, e certamente relativas, "leis" que, consciente ou inconscientemente, teriam presidido à estrutura dos textos. Aristóteles, por exemplo, estudou a dramaturgia grega de seu tempo e enunciou certos princípios de estética em sua *Poética*. Não teve a intenção de fixar leis eternas, mas muitos de seus conceitos foram, centenas de anos depois, defendidos por alguns de seus mais ardorosos pseudo-seguidores como padrões sagrados e irreversíveis, obrigatórios e imutáveis. Mas o processo histórico é bem mais rico do que a estreita pobreza conservadora dos que imaginam correto cercear a liberdade de invenção. A trajetória da dramaturgia universal atesta de forma incontestável que os verdadeiros artistas sempre recusam as tradições já gastas e buscam novas maneiras de expressão, num permanente ato de questionamento, sensíveis às necessidades de seu tempo e também às raízes culturais de seu povo. Não para passivamente cultivá-las ou sacralizá-las, mas justamente transformá-las e desenvolvê-las. Nesse sentido, existe, sim, uma fascinante e até conflituada história da teoria da dramaturgia: conhecê-la em suas distintas etapas e sobre ela refletir certamente não têm poderes mágicos para transformar ninguém, nem mesmo um escritor, em dramaturgo. Mas é evidente que auxiliam a possibilidade de compreensão do significado sociocultural da sempre transformada e transformável estrutura cênica.

No Brasil, a reflexão crítica sobre a questão da dramaturgia tem sido mínima. A discussão teórica sobre o teatro e seus diferentes aspectos talvez só nos últimos anos venha começando a ganhar um sentido mais aprofundado, por meio de algumas nem sempre acadêmicas teses universitárias. Também o ensino de dramaturgia ainda não encontrou uma perspectiva mais eficaz, sobretudo quando o pensamos voltado para a difícil realidade do processo sociocultural e artístico-político do país. Renata Pallottini tem-se destacado nesse necessário esforço, atuando em diferentes frentes de luta e pesquisa: como dramaturga que não aceita limites, incansável professora, intelectual que participa com inteligência e inquietação na batalha por um teatro brasileiro diversificado, menos elitista, mais identificado com as forças nacionais, possível instrumento vivo de análise da realidade do país e dos homens e mulheres que constroem a liberdade neste cotidiano tantas vezes assinalado pelo sufocamento de seu potencial criativo. Esta *Introdução à Dramaturgia*, centrada, sobretudo no estudo de algumas das estruturas teóricas hoje mais sólidas e mais presentes na dramaturgia universal, surge agora como oportuna e valiosa colaboração aos que pretendem participar desse processo artístico-cultural ou ajudá-la de forma consequente e responsável. Dizer que preenche uma lacuna é muito pouco: começa a preencher um vazio imenso. Mas o mais importante é que não traz uma contribuição superficial ou esquemática: instaura uma discussão que instiga à reflexão. Alguns aspectos podem mesmo ser problematizados: Claudel, por exemplo, seria, por sua filiação expressa ao pensamento místico e idealista-cristão, um representante legítimo para situar a revolução dramatúrgica, justamente dialética e materialista, proposta pelo projeto do teatro épico? A riqueza de informações e argumentos reunidos por Renata precisamente acentua um dos aspectos úteis deste manual básico de estudo: é um texto didático, mas aberto e polêmico.

Fernando Peixoto
(São Paulo, julho de 1983)

AFINAL, O QUE É DRAMATURGIA?

(Dramaturgia: do grego – compor um drama)

Quando se fala, na epígrafe, de *um drama*, não se quer, naturalmente, falar de peça de teatro com final infeliz, de tom sério, ou que leve a um desfecho pessimista; drama seria simplesmente uma peça de teatro, um texto para ser encenado, oriundo, outra vez, do grego *drama*, que significa ação, sem maiores complicações etimológicas.

Que mais? Dramaturgia seria a arte de compor dramas, peças teatrais. Arte? Técnica, naturalmente (*tecné = arte*), princípios que ajudariam na feitura de obras teatrais e afins, técnica da arte dramática que busca estabelecer os princípios de construção de uma obra do gênero mencionado.

Procurou-se evitar, propositadamente, a palavra *regra*; o uso dessa palavra tem sido motivo de muito preconceito contra a técnica da dramaturgia, considerada, nos piores exemplos, mero receituário, por meio de cuja obediência se produziriam, automaticamente, excelentes peças teatrais; ao contrário, se essas regras não fossem cumpridas, nunca ninguém conseguiria nada em termos de construção dramática.

Hoje em dia, até por uma questão de bom senso, sabe-se que isso não é verdade; o que se pode ensinar por meio da dramaturgia é do mesmo teor do que pode ensinar um bom oleiro a um aprendiz, no que diz respeito ao ponto da argila; do mesmo teor do ensinamento que um carpinteiro transmite ao iniciante sobre como manusear as ferramentas; e assim por diante. Nenhum carpinteiro será bom se não tiver um mínimo de vocação, dedicação e amor ao ofício. No caso do autor da obra dramática, nenhum será bom se não tiver, ao menos, algo importante para dizer.

A dramaturgia, através dos tempos e das variadas posições que têm sido tomadas no que lhe diz respeito, permanece um estudo e uma investigação do texto, não contemplando, pelo menos estritamente, o espetáculo correspondente. Isso, é claro – num período da história do teatro em que o espetáculo vem se tornando a parte mais importante do fenômeno teatral, a predominante, quase a única, no sentido de ser, até mesmo, invasiva do texto e sua substituta –, faz com que as investigações puramente dramatúrgicas tendam a ser consideradas de menor importância e irrelevantes. No entanto, mesmo quando se restringe a um roteiro de ações, quando emerge da encenação, quando é uma adaptação de um texto preexistente, quando foi feito para não ser ouvido, um texto é um texto, e resiste como tal. Como tal, portanto, tem até o direito de ser estudado.

Depois de Brecht, a dramaturgia teve seu sentido ampliado, compreendendo a estrutura interna da obra, mas também o resultado final do texto posto em cena com uma finalidade específica, com o intuito de influenciar o espectador de tal forma que o mova, inclusive, à própria ação. Até como consequência dessa postura, temos, hoje em dia, mais uma acepção para a palavra *dramaturgia*. Emerge dessa nova visão a figura do *dramaturgista*, ou *dramaturg*, pessoa que, procurando extrair todas as possibilidades do texto escolhido para ser encenado, colocando-o no seu contexto, prepara a montagem juntamente com o diretor.

Posto que a dramaturgia **não é** um formulário para a realização de boas peças, filmes, roteiros, mas sim o conjunto de técnicas para se organizar eficientemente um texto, podemos dizer que o ponto de partida para a feitura de um bom texto dramático é a existência de um **conteúdo** a ser expressado, veiculado.

Esse conteúdo pode (e deve) ser buscado em nós mesmos, em cada um de nós; mas ele vem por meio de nossas ideias, sensações, emoções, lembranças, observações. Bertold Brecht, dramaturgo alemão, valia-se preferencialmente de suas ideias, as quais uniam a histórias inventadas ou adaptadas de leitura das mais diversas origens; criava, assim, textos que alertavam o espectador, mantinham-no desperto e consciente para entender o significado mais profundo do texto e caminhar no sentido de propiciar a mudança da sociedade. Mudança que, acreditava ele, uma vez efetivada, garantiria a justiça social e a felicidade do Homem.

Esse conteúdo, a mensagem ou recado que o dramaturgo nos quer passar, é expresso por meio de palavras que serão ditas (ou **mostradas**, com os recursos da mímica) pelos atores/personagens; elas poderão, ainda, ser apresentadas no espetáculo sob a forma de *rubricas* que orientarão diretor e atores na realização do espetáculo, uma vez que são o *narrativo* do conjunto textual, as descrições a respeito de lugares e épocas, os movimentos que o autor julga adequados para ajudar a formar os personagens etc...

Texto é, dessa maneira, tanto aquilo que se diz quanto o que não se diz, mas aparece sob outra forma, como gesto, expressão, entonação, descrição, no espetáculo final.

O *conteúdo*, o recheio de um texto dramático, deve conter uma *ideia central*, aquela coisa básica que queremos dizer, a razão pela qual começamos a escrever uma peça. Essa ideia central pode ser preexistente, ou seja, pode ser verdadeiramente o ponto de partida do trabalho, ou pode aparecer posteriormente, como uma consequência do trabalho já feito, já que, às vezes, a razão de ser do que estamos fazendo não nos é clara de início, não está no nosso consciente. Não sabemos o quê, mas sabemos que algo está para ser dito. Ao final do texto, vemos que **dissemos**, expressamos uma ideia que estava dentro de nós, escondida.

Esse conteúdo, sua existência e o fato de ele ser **um** são as condições que garantem a **unidade** do trabalho, a única unidade, dentre as que Aristóteles apontou, que verdadeiramente vale a pena. Essa unidade, que se pode chamar de **Unidade de Ação**, nos é dada pela Ideia Central, a qual, por ser central, é forçosamente uma.

A ação principal é consequência da Ideia Central (estamos sempre lidando com o conceito de unidade) e tende a ser **uma** porque persegue um **objetivo**. Objetivo é aquilo que o protagonista da peça, o personagem que mais coisas faz, o que mais age, procura obter. E segue lutando para isso, mas vai encontrando, no seu caminho, **obstáculos**. Os obstáculos são dificuldades, entraves de todo o tipo que o actante encontra: outros personagens e suas vontades, impossibilidades materiais, morais, de costumes, óbices naturais, relativos à natureza das coisas e do mundo, Deus, a fatalidade, o preconceito ou qualquer outra abstração.

Essa caminhada do personagem principal em busca de alguma coisa que ele deseja, os obstáculos que ele encontra, os esforços que faz para vencer esses obstáculos, tudo isso é **ação dramática**. Isso, e mais os conflitos (contidos, já, no que ficou dito), que podem ser vários e de tipos diversos – inclusive o interno, que se desenvolve dentro da personagem –, dá dinâmica à peça. A ação dramática é sempre o correspondente de dinâmica, movimento, um passo à frente, **mudança**.

A situação dramática era **uma**; por força de alguma coisa que se **fez**, de algo em que se **inovou**, a situação agora é **outra**.

Romeu (de *Romeu e Julieta*, de Shakespeare) chegou ao sepulcro onde Julieta está apenas adormecida, por força de uma bebida mágica que lhe foi dada pelo frade conivente. Romeu ignora esse subterfúgio e a supõe morta. Desesperado, ele se mata. Onde havia um amante vivo e outro adormecido, existe, agora, um amante morto. A situação modificou-se; Julieta desperta e, ao ver morto seu amante, mata-se também. Agora, sim, mudou totalmente o estado de coisas anterior e, onde havia dois amantes vivos, existem dois jovens mortos. É o movimento interno, por obra de ações carregadas de sentido e de motivação. Houve dinâmica, houve conflito e houve **ação dramática**.

Interessa-nos falar sobre duas espécies de **métodos**, dos quais podemos servir-nos quando procedemos à análise dramatúrgica de texto cênico: o método **indutivo** e o método **dedutivo**.

Método indutivo é, como o nome indica, aquele que procede da **indução** (do latim *inductio*), procedimento que leva do particular ao geral, segundo tradicional definição de Aristóteles. Da observação de uma série de fatos (o particular) extrai-se uma regra, baseada na experiência, no empírico, no não científico, mas apreensível pelos sentidos.

"Depois da tempestade vem a bonança". A que se referirá essa afirmativa? A milênios e milênios de observação, em que o Homem viu aproximar-se a tormenta, viu que ela eclodia, assistiu, amedrontado, ao seu auge, para depois verificar que o céu se despejava, as nuvens fugiam, o vento amainava. Era a bonança.

Mas o que há de científico nessa afirmativa? A rigor, nada. Por valer-se da mera observação da repetição de um fenômeno, o método indutivo não garante uma certeza total.

No que diz respeito à Dramaturgia, é a **Poética** (no caso, a *Poética* de Aristóteles) que se serve do método indutivo. O que Aristóteles fez foi observar uma série de tragédias do seu tempo, selecionar as que lhe pareceram (e aos estudiosos, e ao público do seu tempo) mais bem-sucedidas, analisar as **constantes** de todas essas tragédias e indicar aos seus discípulos essas constantes, por meio de aulas que, depois escritas, provavelmente por esses discípulos, se transformaram na sua *Poética*.

Dentre as tragédias, Aristóteles verificou, por exemplo, que tinham maior eficiência aquelas nas quais ocorria uma mudança de sorte do protagonista, da felicidade para o infortúnio (*Antígona, Édipo*). Essa mudança de sorte, anunciada pela **peripécia**, ocorria devido a uma falha de caráter do personagem, compreensível e adequada ao seu ser de personagem, à sua criação como caráter, desejada e procurada pelo dramaturgo, e não por um crime abjeto, uma imoralidade ou um incidente aleatório.

Em *Antígona*, a falha estaria na negativa da heroína em aceitar o Direito Positivo, a lei da *polis*, da cidade, e agir à revelia desse Direito Político, preferindo o Direito ancestral, o Direito mais antigo e mais ligado à religião e às tradições familiares.

Já em *Édipo*, o herói falha ao se permitir a cólera, o orgulho desmedido, ao não aceitar ser desafiado. Tocado em seu orgulho de príncipe e de homem, Édipo mata. Ignora que matou seu próprio pai e que, assim fazendo, provocou a ira dos deuses, permitindo que a vingança divina caísse sobre a cidade. Como rei, sabe que, agora, deverá investigar, descobrir e castigar o matador de Laio para que a praga divina não advenha, destruindo a cidade e seus habitantes, seus súditos.

Édipo faz as investigações devidas, inquire, observa, ouve as testemunhas e termina por identificar o matador. O assassino de Laio era ele próprio, Édipo, conforme haviam previsto os deuses cruéis. Fazendo justiça contra si mesmo, Édipo cega seus olhos e se afasta para sempre da cidade que governava e que infelicitou.

Quando se usa, ao contrário, o **método dedutivo**, está-se partindo da dedução (do latim *deductio* e do grego *silogismos* – palavra que mais claramente indica sua natureza).

Na dedução, a conclusão deriva das **premissas**, que são os primeiros fatos colocados no **silogismo**, ou, ainda, toda proposição da qual se infere outra proposição, toda afirmativa que pode, legitimamente, fornecer-nos um resultado seguro. **Silogismo**: tipo de discurso em que, postas algumas coisas, outras se seguem necessariamente.

Exemplo de silogismo:

	Todo animal	é	mortal
	Homem	é	**animal**
logo	**Todo Homem**	é	**mortal**

O mecanismo do silogismo leva-nos a anular o primeiro termo da primeira premissa (**premissa maior**) e o segundo termo da segunda premissa (**premissa menor**). A conclusão é um resultado de dedução, portanto verdadeiro (desde que a parte material, ou seja, as afirmativas contidas no silogismo sejam verdadeiras).

No que diz respeito à dramaturgia, pode-se dizer que quem utiliza a análise dramatúrgica na forma dedutiva é Bertold Brecht. Digamos que, na dramaturgia brechtiana, ocorre o seguinte raciocínio: a felicidade do Homem só poderá existir com uma sociedade mais justa. O teatro político pode ajudar a promover uma sociedade mais justa. Logo, o teatro pode ajudar a promover a felicidade do Homem.

Ou:

  Sociedade justa fará homem feliz
  Teatro político   fará **sociedade justa**

logo **Teatro político** **fará** **homem feliz**

Existem, ainda, duas outras formas de abordagem da teoria da dramaturgia: ela pode ser vista de forma **analítica** ou de forma **sintética.**

A primeira dessas formas indicadas, a **analítica**, é aquela por meio da qual se faz o desmonte de uma obra dramática de Teatro, Cinema, Televisão, a abertura quase física de um texto para vê-la por dentro e entender como se deu a sua feitura. **Análise** é a descrição ou interpretação de um objeto qualquer, nos termos dos elementos mais simples pertencentes ao objeto em questão. Trata-se de reduzir o objeto de estudo à sua forma mais singela, mais **resolutiva**. A finalidade do processo analítico é **resolver** o objeto ou a situação estudada nos seus **elementos formadores**, de tal maneira que um processo analítico só é considerado bem-sucedido quando tal resolução é realizada.

Ao contrário, a forma **sintética** é **compositiva**. Vai das partes ao todo, do simples ao composto. A **síntese** é a unificação, a organização, a composição. O método sintético, segundo Kant, é **progressivo**, enquanto o analítico é **regressivo**.

Essa distinção explicita bem a diferença entre os dois processos, as duas formas de aproximação ao estudo da dramaturgia.

O método analítico escolheria um objeto (uma peça de teatro, por exemplo) e iria, a partir do todo, regredindo até chegar aos seus elementos mais simples, às suas constantes, à sua estrutura de composição.

O método sintético, ao contrário, partiria do exame do todo, do total do objeto examinado, para, a partir da análise já feita, progressivamente compor, construir outras tantas obras novas de conteúdo e de forma, porém guardando o poder de utilizar a experiência adquirida no manuseio do passado.

As novas obras devem ser, naturalmente, apropriadas ao espírito do seu tempo e ao espírito do seu criador. A análise fornecerá ao criador os instrumentos. O restante (que é o mais importante) estará em suas mãos de poeta.

São Paulo, 5 de outubro de 2002
Renata Pallottini

AÇÃO DRAMÁTICA E CONFLITO

Ao longo dos tempos, desde que a arte de fazer peças de teatro – ou o capítulo que, na *Poética*, se refere ao Drama – tem sido tema de estudos, procura-se, com maior ou menor sucesso, analisar os elementos de uma obra dramática buscando localizar, dentre esses elementos, os que compõem a essência mesma da obra, ou seja, aquilo que embasa a construção de uma peça de teatro bem-sucedida.

Muitas têm sido as teorias e, em muitos casos, chegou-se a estabelecer *leis* imutáveis, as quais, uma vez obedecidas, redundariam numa boa obra teatral. Assim foi, de certa forma, com a *Lei das Três Unidades*, extraída de Aristóteles e alçada ao posto de *conditio sine qua non* pelo classicismo francês. Cedo se viu que não era bem isso, e duas unidades (aquela que dizia respeito ao *tempo*, determinando que a ação se circunscrevesse a *um dia*, e a de *lugar*, não encontrada nos textos de Aristóteles, mas, com uma certa lógica, consequência das duas primeiras, a saber, que a ação se desenrolasse toda num mesmo espaço de ficção) foram postas de lado, restando apenas a Unidade da Ação Dramática.

> Unidade.
> Ação Dramática.
> Seria isso?
> Ação dramática, unidade e conflito.
> Seria isso?

De fato, diz Aristóteles (e por onde melhor poderíamos começar?) que tragédia é imitação de ação – todos os demais elementos da definição clássica estão sendo agora propositadamente esquecidos. Trata-se, é claro, de ações humanas, e isso vale, a partir dessas palavras (e aplicando-se retroativamente, digamos), para todo o teatro, e não apenas para a tragédia.

Mas o que é ação nesse sentido, ou seja, o que é ação dramática? O que é conflito? Aristóteles não nos dá todas as respostas; talvez as tenha dado no seu tempo, mas não chegaram a nós. Diz-nos apenas (no que nos interessa mais e sem descer a grandes minúcias) que a ação deve ser completa, tendo começo, meio e fim, e certa grandeza ideal. Isso, que parece elementar, não o é de maneira alguma; sabemos, por experiência própria, quão difícil é escolher o *ponto* ideal da fábula a ser imitada para começar a imitação.

A ideia de ação, provavelmente por parecer muito óbvia, não é aprofundada, até onde eu saiba, pelos primeiros comentadores latinos e medievais de Aristóteles, que discutem, de preferência, outros assuntos. Mas, por exemplo, Antonio Sebastiano (Minturno), bispo italiano do século XVI, em sua *Arte Poética*, referida na obra de Barrett H. Clark *European Theories of the Drama*[1], livro ao qual voltaremos muitas vezes, diz o seguinte:

> "Poesia dramática é a imitação, para ser apresentada no Teatro, de fatos completos e perfeitos quanto à forma e circunscritos na sua extensão. Sua forma não é a da narração; ela apresenta em cena pessoas diversas, que agem e conversam".

Parece claro, se não se quiser complicar. Mas o que é agir? Lodovico Castelvetro, em sua *Poética* (que é o trabalho de Aristóteles exposto e comentado, em 1727)[2], diz, entre outras coisas interessantes, que

> "tragédia não é imitação de seres humanos, mas sim de ações",

o que implica, como já dissera o Mestre, que na tragédia não se deve procurar, primordialmente, imitar caracteres, ou seja, pintar apenas com perfeição os personagens, mas sim mostrá-los

---

[1] CLARK, Barrett H. *European Theories of the Drama*. 4ª ed. Nova Iorque: Crown Publishers, Inc., 1959, p. 56.
[2] *Apud* CLARK, Barrett H., *op. cit.*, p. 65.

agindo, mostrar as suas ações. Mas o que são *ações*? É *ação*, no sentido que se busca, qualquer ato humano? Ao comer, o homem está praticando um *ato*, está *fazendo* alguma coisa. Estará ele *agindo* dramaticamente? Ou requerer-se-á da ação dita dramática, com consequências dramáticas, certa carga moral que os simples atos até fisiológicos não têm?

No seu *Ensaio sobre a Poesia Dramática* (1668), o inglês John Dryden[3], a respeito das famosas *Três Unidades*, diz, com relação à última:

> "Com relação à Terceira Unidade, que é a da Ação, os antigos pretendiam dizer o mesmo que os lógicos com o seu 'finis', o fim ou objetivo de cada ação; que é aquilo que está primeiro na intenção e por último na execução".

Isso dizendo, deixa claro Dryden o elemento *vontade* na caracterização da *Ação* (ao falar da unidade): o fim da ação (humana), que era o seu objetivo, devia ter estado na intenção (do homem – do personagem) e ser *executado* para que se completasse. E devia ser *um*.

Portanto, ação dramática é a que provém da execução de uma vontade humana, com intenção e buscando cumprir essa intenção (sempre, e só, Dryden).

Mas chega a hora de enfrentarmos a compacta e genial *Poética* de Hegel[4], com todas as suas consequências, atendo-nos, no

---
[3] *Apud* CLARK, 8arrett H., *op. cit.*, p. 178.
[4] HEGEL. *Estética. Poesia*. Trad. Álvaro Ribeiro. Lisboa: Guimarães Editores, 1964.

entanto, e por agora, sempre às questões relativas à ação dramática e ao conflito.

Alinhando alguns dos conceitos de Hegel (sem citá-los literalmente, a cada vez), podemos avançar bastante no estudo desse campo.

Diz ele, por exemplo:

1 – A poesia dramática nasce da necessidade humana de ver a ação representada; mas não pacificamente, e sim por meio de um conflito de circunstâncias, paixões e caracteres, que caminha até o desenlace final.

É, possivelmente, a primeira vez que, de forma tão explícita e consequente, se fala em *conflitos* como elementos essenciais à caminhada da ação dramática e, portanto, à poesia dramática. E isso é natural. Tratando-se, como se trata, no caso de Hegel, de um filósofo lógico-idealista que contrapôs a sua dialética à lógica e à metafísica aristotélicas, o *conflito* está sempre na base de todo o seu pensamento, bastante mais complexo do que o que é aqui dito, naturalmente.

Não é essencial, no entanto, segundo me parece, determono-nos na Lógica. A Poética é suficientemente clara no assunto que nos interessa: Ação e Conflito.

Hegel diz ainda que:

2 – O drama apresenta uma ação que tem como base uma pessoa moral. Os acontecimentos parecem nascer da vontade interior e do caráter das personagens.

Aparecem aqui, portanto, conceitos como o de *pessoa moral* (indivíduo que pensa, consciente) e o de *vontade*. São conceitos que se encontrarão explicados ao longo da obra do filósofo, mas que, a rigor, podem ser aceitos e discutidos de início, embora se tenha em conta que o conceito de *vontade consciente* (distinto do de simples *desejo*) seja essencial para o total entendimento do conjunto.

Mais uma vez, explica Hegel que:

3 – A ação é a vontade humana que persegue seus objetivos, consciente do resultado final.

Portanto, a vontade humana que interessa, no caso, é a que tem consciência dos seus objetivos. A ação dramática é a ação de quem, no drama, vai à busca dos seus objetivos, consciente do que quer. É a ação de quem *quer* e *faz*. Da pessoa moral, consciente, com caráter (não se tomando caráter no sentido ético moderno). Do ser humano *livre*. Como consequência, diz ele, ainda, que o personagem deve responder por todos os atos que pratica, os quais, uma vez praticados, tornam-se irreversíveis. É mais uma forma de nos colocar a *liberdade*, a *consciência* e a *responsabilidade* da pessoa moral.

Valeria a pena, agora, citar literalmente:

> "Só deste modo a ação aparece como ação, isto é, como realização efetiva de intenções e de fins; intenções e fins com os quais o indivíduo se confunde como parte integrante de si mesmo e que, por conseguinte, também

> devem aderir antecipadamente a todas as
> consequências exteriores da sua realização.
> O indivíduo dramático recolhe os frutos dos
> próprios atos"[5].

Seria interessante, aqui, chamar a atenção para a teoria hegeliana da síntese entre lírica e épica no nascimento do gênero dramático. Com efeito, a certa altura, diz Hegel que:

> "O modo de concepção poética deste novo
> gênero comporta, como acabo de dizer, a
> união mediatizada do princípio épico e o
> princípio lírico"[6].

Ou, na citação de Anatol Rosenfeld, em seu *O Teatro Épico*, o gênero dramático seria aquele "que reúne em si a objetividade da epopeia com o princípio subjetivo da lírica"[7].

Assim dizendo, parece-me, queria Hegel significar que o drama deve reunir em si a ação, o externar-se, o objetivar-se, o mostrar fatos da epopeia; mas deve, por outro lado, carregar um peso de *subjetividade*, de razões morais, de sentimentos, de psicológico, de paixões, de hesitações, de alma, em suma.

Como diz Rosenfeld, aliás:

> "A Dramática, portanto, ligaria a Épica e a lírica em uma nova totalidade que nos apresenta

---
[5] *Id., ibid.*, p. 379.
[6] *Id., ibid.*, p. 376.
[7] ROSENFELD, Anatol. *O Teatro Épico*. São Paulo: DESA, 1965.

> um desenvolvimento objetivo e, ao
> mesmo tempo, a origem desse desenvolvi-
> mento, a partir da intimidade dos indivíduos,
> de modo que vemos o *objetivo* (as ações)
> brotando da interioridade dos personagens.
> De outro lado, o *subjetivo* se manifesta na
> sua passagem para a realidade externa".[8]

A teoria, embora apaixonante, parece insatisfatória: o teatro deve ser algo mais que a poesia e a epopeia juntas, deve possuir algo de seu, próprio, que não se reduz aos outros dois gêneros. Além do mais, partindo-se do princípio de que a *síntese* contém e supera *tese* e *antítese*, a Dramática é, no pensamento de Hegel, superior à Lírica e à Épica. E parece difícil aceitar essa superioridade, como diz o próprio Rosenfeld, na obra já citada.

No entanto, do ponto de vista prático, é claro que o drama contém elementos épicos e líricos, ou seja, que está permanentemente equilibrado entre os pesos de sua carga subjetiva e objetiva. O que vemos acontecer, aliás, em muitos dramas insatisfatórios é exatamente o *desequilíbrio* entre o subjetivo e o objetivo. As peças de teatro excessivamente carregadas de acontecimentos (os melodramas, os dramalhões), acontecimentos aos quais não correspondem quantidades equivalentes de subjetivo, de motivação verdadeira, de movimentos de alma, sentimentos, paixões, são peças desequilibradas. Nelas, a ação dramática é substituída pelo movimento exterior, e vemos que se sucedem lutas, batalhas, duelos, entradas e saídas, festas, viagens, mudanças,

---
[8] *Id., ibid.*, p. 16.

sem que nada disso corresponda a nenhuma *necessidade interior* dos personagens. São peças excessivamente *objetivas*, em que o subjetivo não tem o seu lugar devido.

Por outro lado, existem dramas especialmente estáticos, ou lentos, cheios de sugestões, de descrições de sentimentos ou movimentos da alma, com diálogos delicados e belos, onde se sente escoarem-se o tempo, as emoções, a vida... mas onde não acontece quase nada. O subjetivo encontra-se nitidamente desenhado nos personagens e nas suas palavras, mas o objetivo é quase nulo, e a peça, da mesma forma, está desequilibrada.

Enquanto os sentimentos, as paixões, os movimentos interiores, o *eu* lírico não se objetivarem, não se exteriorizarem e, ao contrário, enquanto as ações externas, os movimentos exteriores, os acontecimentos não corresponderem a uma real necessidade interior, não teremos o drama equilibrado entre subjetivo e objetivo. E isto, parece-me, é o que podemos, neste passo, extrair de Hegel para nosso uso.

Atendo-se mais à ideia de *conflito*, diz Hegel que:

4 – A finalidade de uma ação só é dramática se produzir outros interesses e paixões opostas.

Está aí claramente exposto o princípio do *conflito*, inerente à filosofia toda de Hegel: uma ação, desencadeada por uma vontade, que tem em mira um determinado objetivo, colide com:
a) interesses,
b) paixões,

portanto, vontades opostas. Essa *colisão* é o *conflito*. E dessa colisão algo nascerá. Os interesses e paixões podem ser de várias espécies (ideias e verdades morais ou religiosas, princípios de Direito, do amor à pátria ou a outrem, sentimentos de família etc.), mas sempre constituirão o nascedouro de outra *vontade*, que se oporá à primeira, brotando daí o conflito.

(Hegel chama a atenção para o fato de que o conteúdo desses interesses e paixões – conteúdo do qual não estamos tratando necessariamente neste momento – deve tocar os poderes *eternos*, as verdades *morais*, os deuses de atividade *viva*, ou seja, em geral, o *divino* e *verdadeiro*. Mais ou menos, segundo me parece, o que Aristóteles chamou de imitação de ação de caráter elevado.)

Com relação às unidades, detém-se Hegel na única verdadeiramente importante, que é a unidade da ação. Por caracterizar, também, a Ação em si, poderíamos lembrar que, segundo ele:

5 – A unidade da ação se encontra na persecução e realização de um fim determinado, através de um conjunto de conflitos; a verdadeira unidade, no entanto, só se realiza no movimento total (que inclui todas as vontades e todas as colisões).

Diz ele que toda ação deve ter um fim determinado; assim que o tenha, colidirá com outra. O conjunto, a constelação dessas ações (e vontades), caminhando para um fim (desenlace), é o que caracteriza a *unidade da ação*.

É extremamente importante, para o estudo da *natureza do conflito*, o item em que Hegel trata da Progressão do poema dramático, lembrando que:

6 – A progressão dramática é a *precipitação* contínua até o fim, o que se explica exatamente pelo conflito. Como a colisão é o ponto angular e saliente da marcha, e à medida que as forças contrárias chegam ao ponto maior do desacordo entre sentimentos, objetivos e atos, mais se sente a necessidade de uma solução, e mais os acontecimentos são impelidos a esse resultado.

Isso vem a desembocar no que tratará adiante, ou seja, na *dinâmica do conflito*. Apenas para acrescentar, de momento, alguma coisa, pode-se dizer que um conflito não pode ser estático, que deve crescer, intensificar-se, aumentar quantitativamente, para vir a resolver-se. É isso, em última análise, o que enseja a precipitação contínua, a *progressão dramática* já mencionada.

Referindo-se ao ponto ideal para o começo da ação (assunto aqui já mencionado de passagem), Hegel volta a falar sobre o caráter conflitual do drama:

> "Porém, como a ação dramática se baseia,
> ao mesmo tempo, num conflito determinado,
> o *ponto* de partida será fornecido pela situa-
> ção que, embora não tendo desencadeado o
> conflito, constitua a condição do seu desen-
> volvimento ulterior"[9].

É importante notar o caráter positivo do início da citação: a ação dramática resulta, portanto, do conflito. Esse conflito tem o seu curso: há o momento, digamos, do seu

---
[9] HEGEL. *Estética. Poesia.* Op. Cit., p. 393.

nascimento, o momento do seu desenvolvimento, o da sua *eclosão* (ponto crucial) e, depois, o da sua resolução. A natureza dinâmica da colisão está claramente exposta e bem assim, portanto, a natureza dinâmica da ação dramática.

Mas volta ainda Hegel a apontar o *conflito* como a pedra de toque do drama, ao notar que:

7 – O interesse dramático só nasce da *colisão* entre os objetivos dos personagens. O que realmente produz efeito é a ação como ação, e não a exposição dos caracteres em si. A concentração de todos os elementos do drama na *colisão* (conflito) é que constitui o *nó* da obra.

O que é, ainda, comentar e explicar Aristóteles (o centro da tragédia está na imitação da ação e não na dos caracteres), acrescentando e enfatizando, no entanto, o que se refere a *conflito*, e buscando esclarecer a natureza da ação dramática.

Ou, de outra forma:

> "Em princípio, o lado trágico consiste em que ambas as partes opostas têm igualmente razão, ao passo que na realidade cada uma concebe o verdadeiro conteúdo positivo do seu fim e do seu caráter como uma negação do fim e do caráter adversos e os combate, o que as torna igualmente culpadas... Encontra-se, assim, formulada uma contradição irresolúvel que, embora transformando-se numa realidade, jamais se pode manter no real e

> nele se impor como um elemento substancial,
> mas só se justifica na medida em que oferece
> a possibilidade de uma reabsorção. Logo, tão
> legítimo é o fim e o caráter trágico, como necessária é a solução deste conflito"[10].

O que, por caminhos não formais, nos leva às mesmas conclusões precedentes, ou seja: o conflito, uma vez colocado, caminha fatalmente para a sua solução, provisória ou definitiva (no âmbito do drama).

Embora correndo o risco da reiteração, e por razões que adiante se justificam, parece-me importante chamar a atenção para a ênfase que dá Hegel à questão da *liberdade* do personagem, como quando diz que:

> "A ação verdadeiramente dramática supõe
> certa liberdade ou independência individual,
> ou, pelo menos, que o homem tenha a consciência bem aberta para antecipadamente
> aceitar a responsabilidade das consequências dos seus atos..."[11]

Fica, ainda uma vez, clara a posição individualista do filósofo, no seu trato com o problema da liberdade e da responsabilidade pessoais do ser humano, mas, também, o caráter de certa forma aristocrático que deve ter, para a completa consecução de seus fins, o *personagem* hegeliano.

---
[10] Id., *ibid.,* p. 436
[11] Id., *ibid.*, p. 451

Com relação às *colisões internas dos caracteres*, aos conflitos interiores dos personagens, e contrapondo a tragédia grega à tragédia moderna, diz Hegel que:

8 – Os personagens da tragédia antiga, verdadeiras estátuas vivas, são isentos de conflitos íntimos. Estão eles informados pela consciência de sua vontade e por suas altas paixões, direitos, razões ou interesses pessoais. Eles fazem sempre a reivindicação moral de um direito relativo a um fato determinado. Ao contrário, a tragédia moderna apropria-se, desde seu começo, do princípio da *personalidade* ou da *subjetividade*. Faz do caráter pessoal em si, e não da individualização das forças morais, seu objeto próprio e fundo de suas representações.

Por conseguinte, o personagem moderno, segundo Hegel, contrariamente ao herói trágico, enfrenta conflitos que dependem, mais que qualquer outra coisa, de seu próprio caráter (no caso do herói trágico, o conflito advém com a força moral oposta, igualmente legítima).

E, em seguimento a esse caráter e a essa individualização, o personagem moderno padece de conflitos interiores:

> "A fraqueza resultante da impossibilidade de
> tomar uma decisão, do recurso à reflexão, do
> exame das razões que pleiteiam por ou contra
> uma resolução dada, observa-se já nas tragé-
> dias antigas e, sobretudo, nas de Eurípides
> que, de todos os trágicos gregos, é, aliás,

> aquele que menos caso faz da plástica dos
> caracteres e das ações, e procura sobretudo
> provocar emoções subjetivas. Ora, na tragédia
> moderna, estas personagens indecisas e hesi-
> tantes são apresentadas como assediadas por
> duas paixões que as arrastam em direções
> opostas, lhes inspiram decisões e as levam a
> atos que se contrariam... São naturezas duplas
> que não podem alcançar uma individualidade
> firme e completa. Acontece precisamente o
> contrário quando um caráter seguro de si mês-
> mo se encontra ante dois deveres igualmente
> sagrados e é forçado a decidir-se por um, com
> exclusão do outro. A hesitação não passa, en-
> tão, de uma fase transitória e não constitui o
> fundo do caráter"[12].

A existência de tais personagens não parece agradar ao filósofo; no entanto, ele os reconhece, ou seja, reconhece a existência do conflito interior como miniatura do mesmo esquema dialético montado para o estudo das *colisões* externas.

Chama a atenção, no entanto, para a diferença existente entre a constelação de conflitos interiores provenientes do que considera "naturezas duplas" (e irresolutas) e a simples e clara ponderação, no caso dos caracteres mais firmes, entre duas decisões possíveis, a fim de que uma seja a escolhida. (Interessante seria exemplificar, aqui, com o personagem *Hamlet*, que Hegel cita, mas

---

[12] Id., *ibid.*, p. 489-490.

não com detalhes; enquanto pode ser dito *lento* e cheio de dúvidas em suas resoluções e preparação da execução – o que é ressaltado por Hegel – Hamlet é, no monólogo do *"To be or not to be"*, exatamente o caráter que pondera entre duas soluções possíveis – a vida e a morte –, optando, de fato, pela mais positiva).

Assim, portanto, parece bastante claro que, para Hegel, ação dramática é o movimento interno do drama, movimento este que se produz a partir de personagens livres, conscientes, responsáveis, que têm vontade e podem dispor dela, que conhecem seus objetivos e os perseguem através de um todo que inclui outras vontades e outros objetivos colidentes com os primeiros. Dessas colisões, desses conflitos (posição 1 x posição 2, A x B, tese x antítese), emerge uma terceira posição, portanto a síntese que ou se constituirá numa nova *tese* a ser enfrentada ou dará o resultado final e equilibrador do drama.

Mas ainda voltaremos a Hegel...

Parece interessante aduzir elementos não necessária e diretamente concernentes ao tema do conflito, mas que virão a dar no mesmo caminho, para melhor explicar a ação dramática e, portanto, o caráter do drama.

Assim, e muito de passagem, poderíamos citar Goethe (1749-1832) quando, em seu *Poesia Épica e Poesia Dramática* (1797), citado por Barrett H. Clark[13], diz que:

> "O poeta épico e o dramático estão ambos
> sujeitos às leis gerais da Poética, especial-
> mente às leis da unidade e da progressão.

---

[13] *Apud* CLARK, Barrett H., *op. cit.*, p. 337.

> (...) A grande e essencial diferença entre eles
> está, assim, no fato de que, enquanto o
> poeta épico descreve uma ação passada e
> completa, o poeta dramático representa-a
> como se estivesse ocorrendo na atualidade."

Pronto. Claro, simples e que não pode nunca ser esquecido, seja o que for que se esteja discutindo em matéria de Teatro. A nítida caracterização da natureza dos gêneros está sempre na base de todas as demais criações e discussões relativas.

Mas, ainda na mesma linha, seria oportuno ver o que diz Schlegel (1767-1845), sobre o dramático, em seu *Sobre Arte Dramática e Literatura* (1809-1811)[14]:

> "O que é dramático? Para muitos, a resposta
> deve parecer muito simples: várias pessoas
> que são apresentadas enquanto conver-
> sam, notando-se que o autor não fala em
> seu próprio nome. Ora, isto é, de qualquer
> modo, apenas o primeiro pilar externo da
> forma: é o diálogo. Porém, as personagens
> podem exprimir sentimentos e pensamen-
> tos que não operam qualquer mudança em
> outras personagens, deixando, dessa ma-
> neira, a mente de todos exatamente como
> estava antes; nesse caso, embora a conver-
> sa possa ter sido muito interessante, ela
> não teve interesse dramático".

---

[14] Id., *ibid.*, p. 340.

Coloca-se aqui, novamente, de modo bem claro, o caráter ativo, dinâmico e dialético da *conversa* no teatro (do diálogo dramático, portanto). Só será realmente interessante (e dramática) a troca que *modifica*, que mutuamente age (como diálogo), fornecendo elementos para que os interlocutores, acrescentando alguma coisa ao que havia antes, tenham influência *ativa* uns sobre outros. Trata-se, portanto, da *ação no diálogo* e do *diálogo*.

Continua Schlegel, dizendo que a ação é o verdadeiro prazer da vida, é a própria vida, e que sendo o homem o mais alto objeto da atividade humana, é no teatro que podemos ver seres humanos medindo forças, influenciando-se mutuamente em suas paixões, sentimentos, opiniões, modificando-se uns aos outros.

Poder-se-ia dizer, portanto, segundo Schlegel, que há ação dramática no mero diálogo dramático? *Ação* não é *fazer* alguma coisa? *Falar* é *agir*?

Sem dúvida, *falar* é *fazer*, portanto *agir*. Falar dramaticamente (dialogar modificando) é, sem dúvida, agir dramaticamente. Supondo-se que o diálogo contém elementos que modificam os interlocutores, deve-se concluir que, pela troca de palavras, o personagem *A*, que estava na posição *1*, passou para a posição *2*, e o personagem *B*, que estava na posição *3*, passou para a posição *4* (por exemplo). Ora, se houve mudança de posição, houve movimento. Se houve movimento, houve *ação*. Se tudo isso estava carregado de subjetividade (de sentimentos, paixões, opiniões, vontade), houve ação dramática.

Sem mencionarmos, claro, que houve *conflito*. Concretizemos: um exemplo ajudaria.

Na cena II do 1º ato de *Hamlet*, quando se celebra o Conselho Real – após a morte do Rei, a coroação de Cláudio e o incesto de Gertrudes –, se estabelece um diálogo entre Cláudio, Gertrudes e Hamlet. O novo Rei começa por tomar providências relativas à segurança do seu governo, despachando embaixadores. Dá licença de partida a Laertes e, depois, dirige-se a Hamlet, chamando-o carinhosamente. Hamlet replica duramente, cortando as suas expressões de afeto. Estava irritado antes, e mais irritado ficou depois. Cláudio, que optara por uma tática de hipocrisia, recua um pouco e faz uma pergunta sobre a saúde do Príncipe. Este, cada vez mais irritado, responde com ironia. Estabelece-se o conflito. A Rainha intervém, lembrando ao filho que a morte é uma lei geral. Hamlet adoça os seus tons, deixa a ironia e responde diretamente, descrevendo a sua maneira de sentir (ao mesmo tempo em que critica a maneira de sentir da Rainha). Tenta convencê-la. Há um conflito claro entre ambos. O Rei intervém, voltando a falar sobre a fatalidade da morte, mas *acrescenta* alguma coisa, prometendo ao Príncipe a sua sucessão. É o suborno. Fica-se sabendo que Hamlet pretendia voltar à sua Universidade, e Cláudio o exorta a ficar. Tenta innfluenciá-lo. A Rainha se junta a ele em seus argumentos. Estão ambos, desde o início, unidos na tentativa de pacificar o Reino e, para isso, é conveniente que Hamlet fique. Por seu lado, ele, ainda que não claramente, procura convencer a mãe de seus erros. Nesse momento, se espera uma resposta. Hamlet deve partir ou ficar. O conflito chegou a seu ponto de resolução. É uma resolução simples e pode ser até provisória. Hamlet opta por ficar (ou por obedecer, até onde possa, à Rainha).

Foi uma cena de cinco minutos de duração.

Não houve, aqui, a mudança de todos os interlocutores (nem isso é necessário). Houve, isso sim, por força de um diálogo dramático, certas mudanças sutis. Cláudio, se supunha poder contar com a boa vontade de Hamlet oferecendo-lhe a sucessão, verifica que não foi bem-sucedido. Gertrudes tem agora a certeza de que o filho a condena. Hamlet, se tinha alguma dúvida sobre a posição da mãe ou sobre a aliança Cláudio-Gertrudes, não a tem mais. E, talvez por isso (uma vez que ainda não falou ao Espectro do Pai), muda a sua posição, decidindo permanecer.

É, porém, em Ferdinand Brunetière (1849-1906) que se vão encontrar, a seguir, maiores novidades no que diz respeito a este assunto. É com o seu *La Loi du Théâtre* que se inaugura uma nova discussão sobre Hegel e Aristóteles, que será, por sua vez, minuciosamente estudada por Brander Matthews (em 1903), Clayton Hamilton (1910), William Archer (1912), Henry A. Jones (1914) etc., até os nossos dias.

Diz, resumidamente, Brunetière, na sua *Lei do Drama*, que:

1 – Existe uma característica essencial comum que aproxima obras de teatro as mais variadas, dando-lhes unidade e identidade. Essa característica não está nas *Três Unidades*, nem na pureza dos gêneros, nem em qualquer das convenções até então aceitas.

2 - Essa característica é o exercício de uma vontade. Mais especificamente:

> "No drama ou na farsa, o que nós pedimos ao
> teatro é o espetáculo de uma *vontade* que se
> dirige a um *objetivo*, consciente dos meios
> que emprega."[15]

Naturalmente, já agora podemos dizer que essa afirmativa estava implícita em Dryden, como também, e com muita ênfase, em Hegel; mas Brunetière vai esclarecê-la e comentá-la com muito maior cuidado.

É assim, pois, que ele explica:

3 – A *vontade* de um personagem dramático não é apenas, por exemplo, o simples *desejo* de um personagem de romance. No romance (na novela) os acontecimentos se sucedem a despeito das vontades. No drama, são as vontades dos personagens que conduzem a ação.

Assim, exemplificando com *Gil Blas* e *O Casamento de Fígaro* (Lesage e Beaumarchais), diz Brunetière, textualmente:

> "Gil Blas, como qualquer um, quer viver e, se
> possível, viver agradavelmente. Isso não tem
> nada a ver com o exercício de uma vontade.
> Fígaro quer uma coisa definida, ou seja, conse-
> guir que o Conde de Almaviva não exerça
> sobre Susana o seu senhorial privilégio. E al-
> cança sucesso – não necessariamente atra-
> vés dos meios que tinha escolhido, muitos

---
[15] 1 – Id., *ibid.*, p. 407.

> dos quais voltam-se contra ele; não obstante,
> ele se manteve constantemente querendo o
> que queria. Não se cansou de buscar meios
> para atingir seus fins e, quando estes falha-
> ram, inventou outros. Isto é o que pode ser
> chamado de *vontade* de atingir um objetivo,
> indo direto a ele. Gil Blas, realmente, não tem
> objetivo."[16]

Continuando, chega Brunetière a dizer que Gil Blas não *age*, é *agido*; de tal forma as coisas lhe acontecem e ele as vai aceitando, para depois lidar com elas. Ele não tem meta definida, não faz planos e não os segue. E isso se explica pelo próprio caráter do gênero épico, que almeja nos dar um retrato da influência que, sobre nós, é exercida pelos acontecimentos exteriores, e não o retrato de uma *vontade* em ação.

Continuando, diz Brunetière:

> "É assim que se pode distinguir ação de agi-
> tação ou de movimento... Será que agir é
> mover-se? Claro que não, e não haverá ver-
> dadeira ação a não ser por meio de uma von-
> tade consciente de si, consciente dos meios
> que emprega para conseguir seus fins."[17]

Embora, como foi dito, a semente dessa afirmativa esteja nos antecessores de Brunetière (até mesmo em Aristóteles), é

---
[16] *Id., ibid.*
[17] *Id., ibid.*

a primeira vez que se opõe com tanta clareza *ação* a *movimento exterior*, ação como vontade consciente, e movimento como mera agitação.

Comparando drama e romance, Brunetière explica que:

4 – O assunto de um drama e o de um romance podem ser, em princípio, o mesmo. Mas não se pode, sempre, fazer de um romance uma peça de teatro; um romance só se transformará numa peça se já for dramático, e só o será se *os seus heróis forem, realmente, os arquitetos do seu destino*.

Em seguida, Brunetière passa a examinar a natureza dos obstáculos que se apresentam ao caminhar das vontades dos heróis dramáticos, concluindo que são de quatro espécies:

a) Obstáculos reputados intransponíveis, como o Destino para os gregos, os decretos da Providência para os cristãos, as leis da natureza, as paixões violentas para nós; nesse caso, a peça que daí redundar (vontade do personagem x obstáculo intransponível) será uma *tragédia*.

b) Obstáculos dificilmente transponíveis, porém passíveis de ser enfrentados, em geral formados por um preconceito ou pela vontade de outros homens; nesse caso, teremos o *drama*.

c) Apresentação de duas vontades opostas, ou quando se consegue equilibrar o obstáculo à vontade que deve transpô-lo; tem-se, nesse caso, a *comédia*.

d) Finalmente, quando se relativiza todo o conjunto, localizando o obstáculo na *ironia* da sorte, num preconceito ridículo ou, ainda, na desproporção entre os meios e os fins, temos a *farsa*.

Chamando a atenção para o fato de que não se encontrarão sempre, evidentemente, exemplos puros dos gêneros citados, Brunetière assinala a superioridade da tragédia, na medida em que a vontade aí exercida, por encontrar obstáculos melhores e maiores, é *mais forte*.

E, como consequência, entra na discussão do relacionamento entre épocas nacionais de maior liberdade e triunfo da vontade com períodos de um melhor e mais digno teatro.

Mas isso não vem, agora, ao caso...

A refutação que William Archer (1856-1924) opõe à teoria de Brunetière do "teatro como o lugar de desenvolvimento da vontade humana" funda-se em que, segundo o escocês, Brunetière apontou a característica principal de muitos bons dramas, mas não de todos – o que, é claro, invalida qualquer lei, ainda que tão relativa como uma *lei* estética.

Assim, por exemplo, diz Archer, onde estaria a *struggle* em *Agamenon*? Nem entre Agamenon e Clitemnestra, nem dentro da própria Clitemnestra. E no *Édipo* de Sófocles? Édipo, de fato, não lutaria contra nada (diz Archer) no decurso da tragédia, pelo menos não no sentido de alguém que aplica sua vontade à consecução de um fim, enfrentando obstáculos. Por outro lado, o que acontece em *Otelo* tampouco é uma luta consciente contra Iago, por exemplo.

Continua Archer a citar exemplos negativos: *As you like it*, de Shakespeare, *Espectros*, de Ibsen etc.; conclui, então, que, afinal, o *conflito* é apenas *um* dos mais dramáticos elementos da vida – e do drama –, mas que a insistência no conflito de vontades é um erro dos seguidores de Brunetière.

E, para concluir, aponta o seu elemento essencial do drama, em substituição ao de Brunetière: a *crise*.

> "Pode-se dizer que o drama é a arte das crises, assim como a ficção é a arte dos desenvolvimentos graduais."[18]

E ainda

> "Uma peça de teatro é o mais ou menos rápido desenvolvimento de uma crise no destino ou nas circunstâncias, e uma cena dramática é uma crise dentro de uma crise..."[19]

Segundo Archer, enquanto a ficção nos dá vastas áreas de muitas vidas e acontecimentos, o teatro deve enfocar apenas os "pontos culminantes" de dois ou três destinos.

Mas não são todas as crises que interessam ao teatro; a crise que serve dramaticamente é a que pode desenvolver-se por meio de uma série de crises menores, englobando certo interesse emocional e fazendo nascer caracteres vivos.

---

[18] *Id., ibid.*, p.479
[19] *Id., ibid.*

Archer abre possibilidades de passagem a toda experimentação não codificada e também ao teatro estático de Maurice Maeterlinck (1862-1949), que se poderia chamar, pela terminologia de Hegel, de quase totalmente *subjetivo*, e o cita, no seu *O Trágico Quotidiano:*

> "Um velho, sentado na sua cadeira de braços, esperando pacientemente, à luz da lâmpada – submetendo-se de cabeça baixa à presença de sua alma e do seu destino –, imóvel como está, vive, na realidade, de modo muito mais profundo e humano, e de uma vida mais universal, do que o amante que estrangula sua amada, ou do que o capitão que vence a batalha, ou ainda do que o marido que vinga a sua honra."[20]

A posição de Maeterlinck, do mais extremo subjetivismo, é aqui, claro, defendida e justificada. Mas, e se o tal velho assim permanecesse, por duas horas a fio, haveria aí drama?

Não importa; Archer prossegue dizendo:

> "A única definição realmente válida do *dramático* é a seguinte: uma representação, com pessoas imaginárias, que é capaz de interessar a um público reunido num teatro."[21]

---

[20] *Id., ibid.*
[21] *Id., ibid.,* p. 480.

O que não é dizer muito, convenhamos.

No entanto, comentando as objeções de Archer à *Lei* de Brunetière, Henry Arthur Jones (1851-1929), no prefácio de sua edição da própria obra francesa, esclarece certos pontos obscuros da controvérsia.

Deixa claro de início, por exemplo, que Brunetière nunca exigiu que o conflito do drama fosse sempre um conflito de *vontades*, podendo e devendo ser, muitas vezes, não uma *luta*, não a *struggle* de Archer, mas o caminhar de uma vontade que se choca com *obstáculos*, representados ou não por outras vontades.

É bastante claro que Agamenon, à sua entrada em cena, defronta um tremendo obstáculo, representado pelas vontades unidas de Clitemnestra e Egisto, que querem matá-lo (e o fazem). Agamenon deseja viver, mas não da forma genérica e amorfa apontada por Brunetière, no caso de Gil Blas. Ainda que por breve tempo, talvez, Agamenon toma ciência de sua situação; sua vontade de viver, portanto, será a vontade de vencer a seus matadores, o que é bastante diferente.

Édipo, por outro lado, segundo Archer, também não é um bom exemplo de vontade ativa e consciente. Jones não refuta os argumentos de Archer, preferindo, segundo diz, "entregar a Mr. Archer os escalpos de Agamenon e Ésquilo".

Isso, no entanto, não me parece necessário. Sem que se conte o claro e nítido conflito interior de Édipo, nem o *tom* geral de luta desesperada que tem toda a tragédia (e mais os conflitos secundários: Édipo x Creon, Édipo x Tirésias, Édipo x Jocasta, Édipo x Mensageiro, Jocasta x Tirésias etc.); assiste-se, no decurso da peça, ao espetáculo da *vontade consciente* de Édipo, determinado a procurar a verdade, chocando-se contra vários obstáculos (o tempo, o medo das testemunhas, sua própria culpa, sem que se fale em Destino ou qualquer valor religioso) e, finalmente, contra o *efeito bumerangue* da verdade – se essa expressão me é permitida. A verdade, no caso de Édipo, volta-se contra ele e o atinge. É o seu principal obstáculo e o seu pior inimigo – o que não impede que a sua vontade consciente a procure até desvendá-la.

O exemplo de *Otelo*, citado por Archer, não é bastante bom, e Jones o desmonta, ainda acrescentando que, segundo lhe parece, não é Otelo o herói do drama, e sim Iago, o qual teria, nitidamente, uma vontade ativa e constante.

Finalmente, examinando a *teoria das crises* de Archer, lembrando que o próprio autor as divide em crises dramáticas e não dramáticas, Jones conclui, com boa dose de acerto, segundo me parece, que nas crises dramáticas existe sempre uma espécie de *conflito* e, muitas vezes, de conflito de vontades. Ora, se são essas (as crises dramáticas) que, segundo Archer, servem de base a um drama, então é porque um drama se faz com base em um conflito, diz Jones (e digo eu).

E, para completar, Henry A. Jones apresenta sua própria *Lei* (ou definição) de drama:

> "O drama surge quando uma pessoa, ou pessoas, numa peça, estão, consciente ou inconscientemente, em conflito com um antagonista, uma circunstância, ou a Sorte. Ele é mais intenso quando, como no *Édipo*, o público

O que é dramaturgia

> conhece o obstáculo, e a personagem não.
> O drama surge, assim, e continua até que a
> personagem também conheça o obstáculo,
> sustenta-se enquanto observamos as reações
> físicas, mentais ou espirituais das persona-
> gens aos opositores (pessoas, circunstâncias
> ou Sorte). O drama diminui quando a reação
> decai e acaba quando a reação se completa.
> Esta reação da personagem ao obstáculo to-
> ma a forma de outra vontade humana, numa
> colisão quase completamente equilibrada."[22]

E ainda

> "Uma peça é uma sucessão de *suspenses* e
> crises, ou uma sucessão de conflitos imi-
> nentes e conflitos deflagrados, caminhando
> numa série de climaxes ascendentes e ace-
> lerados desde o começo até o fim de um es-
> quema organizado."[23]

Essas definições incluem (e complicam) Brunetière e Archer; incluem, no entanto, a indicação de alguns elementos extras: reforçam a noção de *obstáculo*, cuja grandeza e importância deve estar à altura da vontade que o defronta; introduzem a noção de *suspense*, momento de expectativa maior antes da crise, a noção de conflitos *iminentes* e conflitos *deflagrados* – trazendo

---

[22] *Id., ibid.*, p. 469.
[23] *Id., ibid.*, p. 468

à baila novamente a questão da dinâmica dos conflitos; e, finalmente, a noção de *clímax*, momento de altura maior no desenho geral e conjunto da obra.

Conquanto não acrescente muita coisa, Brander Matthews (1852-1929), professor norte-americano de literatura, de qualquer forma deixa bastante clara a questão Brunetiere-Archer, no seu *O Desenvolvimento do Drama* (1903):

> "Devemos a Ferdinand Brunetière – o qual aproveitou muito de Hegel – o claro estabelecimento de uma importante lei, mal percebida por críticos anteriores. Diz ele que o drama difere das outras formas de literatura no fato de que, sempre, deve tratar com alguma forma de expressão da vontade humana. Se uma peça realmente nos interessa, é porque ela apresenta uma luta; seu protagonista deve desejar alguma coisa, lutando por isso com todas as suas forças. Aristóteles definiu a tragédia como a 'imitação de uma ação'; mas, por ação, não queria significar apenas movimento – o tumulto fictício, frequentemente encontrado no melodrama e na farsa. Pode ser que, ao dizer ação, os gregos quisessem dizer *conflito* (*struggle*), uma luta na qual o herói sabe o que quer e o quer com todas as suas forças, fazendo tudo para consegui-lo. Ele (o herói) pode ser vencido por um antagonista onipotente, ou pode ser traído por uma fraqueza de

> sua própria alma. Mas a força da peça e o interesse para o espectador residirão no equilíbrio entre as forças contendoras..."[24]

Tão longa citação justifica-se pela sua extrema clareza e boa colocação. Continuemos:

> "Uma vontade determinada, resolvida a conseguir seu objetivo, isto é o que sempre encontramos na forma dramática; e isto é o que não encontramos na forma lírica ou épica."[25]

Assim, juntando Aristóteles e Hegel, Dryden e Brunetière, temos tido, até aqui, uma quase total consonância: teatro é ação, ação dramática é conflito, em geral de vontades conscientes de seus meios e caminhando determinadamente em busca de seus objetivos. Isso, enquanto se falar em *teatro dramático*, em *teatro aristotélico* (e não épico, e não brechtiano, e não outras formas subsequentes ou concomitantes), está parecendo ponto pacífico.

Trazendo alguma coisa de novo à discussão, George Pierce Baker (1866-1936), no seu *Técnica Dramática* (1919), acrescenta o elemento emoção aos arrolados por seus predecessores e abre mais um campo para estudo.

De fato, enquanto ressalta a necessidade de se ganhar a atenção do público, pelo que acontece na peça, pela caracterização

---

[24] *Id., ibid.*, p. 493.
[25] *Id., ibid.*

dos personagens, pelo diálogo, Baker, ao concluir que a *ação* é o ponto central do drama, estudando o problema em seu nascedouro (na tragédia grega), diz que o que mantinha aceso o interesse do espectador, naquele caso, era "o movimento imitativo dos atores, ou seja, a ação física"[26].

Mostrando (ou tentando mostrar) que, sempre, a ação nas peças, e as peças de ação, tiveram a preferência de todos os públicos, Baker conclui, não obstante, que a ação por si não basta, se não for *recheada* de emoção. O que o homem faz deve mostrar o que ele é, o que ele sente. A ação física, por si, não é dramática. Passa a sê-lo quando se conhecem as razões da ação, e elas nos emocionam.

Assim, exemplificando com a 1ª cena do 1º ato de *Romeu e Julieta*, Baker mostra que a grande briga que dá início à peça, conquanto toda feita de ação física, só interessa e é dramática na medida em que nos mostra a inimizade entre as casas Montecchio e Capuleto, prepara as personagens Benvolio e Teobaldo, motiva o decreto de banimento etc. A ação física serve para revelar estados de alma que, estes sim, vão despertar adesão ou repulsa (portanto interesse) no espectador.

Baker ressalta, preocupando-se, aliás, com o estatismo já mencionado antes (em Maeterlinck, por exemplo, a quem cita de passagem), que uma "atividade mental bem marcada" pode ser tão dramática quanto a simples ação física.

E cita o monólogo de Hamlet; parado, sem nenhuma atividade física, o Príncipe oscila entre *ser* ou *não ser*, ou seja, entre

---

[26] *Id., ibid.,* p. 497.

viver e morrer. Diz Baker que, conhecendo já o torturado herói, somos levados a simpatizar com ele...

Isso acontece, sim, evidentemente, mas acontece mais, parece-me: Hamlet é, como já foi dito, um personagem hesitante, que se pode considerar, para discussão, ou dúbio, ou conflituado intimamente. Preferiria dizer que se trata mesmo do conflito íntimo de alguém que pode:

b) calar-se, omitir-se, conviver com sua mãe, não ser um homicida, casar-se, realizar se amorosamente, seguir sendo um príncipe e, talvez, chegar a rei.

ou

b) falar, agir, condenar a própria mãe, matar, perder o amor, ser um condenado, morrer (embora vingando o pai, ponto positivo desta hipótese).

Ora, vivendo, Hamlet não vê como possa deixar de vingar-se; sua *vontade* é a de vingar-se, matando.

Os obstáculos que encontra concretizam-se nas vontades de Cláudio e Gertrudes e de todos os partidários do Rei; na vontade de Ofélia e de todos os que desejam o seu *bem* (ou seja, a sua passividade); nas dificuldades concretas que são opostas aos seus planos; e, finalmente, nos próprios vetores que, no seu caráter, apontam caminhos diversos.

Posto em situação de ter de optar entre viver e morrer, Hamlet faz um rápido (e não frio) balanço das vantagens e desvantagens de ambas as hipóteses e, movido por inúmeras razões, opta por viver. E isso interessa ao público, e isso é ação dramática; não apenas porque nos emociona e nos faz simpatizar com o herói, mas porque é *conflito*. Conflito interior muito bem exposto, com sua intensificação, eclosão e resolução.

Sigamos, no entanto, com Baker; acrescenta ele que não só a atividade mental pode ser dramática, mas até a *inatividade total*, se ela expressa um contraste com alguma coisa a ser desejada pelo público, que foi preso pela emoção. E dá o exemplo do velho inválido numa casa em chamas. Sem esquecer que o exemplo em si é bastante melodramático, podemos supor que se trata, aqui, de uma cena incidental, e não do total assunto de uma peça. A inatividade pode, é claro, ser ação dramática, da mesma forma como uma *omissão de socorro* pode ser um crime. Se uma criancinha está morrendo de sede e uma megera permanece imóvel, sem lhe dar água, num melodrama qualquer, é claro que isso é dramático (ruim, mas dramático), uma vez que a nossa megera está *fazendo* alguma coisa (está *matando* a criancinha, por omissão de ação).

Assim, não é a inatividade em si, mas o *contraste* entre a ação que se deveria esperar de alguém e a sua *inação* que é dramático. Naturalmente, esta inatividade não pode constituir o todo de uma peça, será apenas parte dela. Mas, é claro, o personagem que, podendo fazer alguma coisa, escolhe não fazê-la, ou, totalmente impotente, sucumbe à sua impotência, também está imerso num conflito. A nossa megera do exemplo acima escolhe deixar morrer a criancinha porque *quer*, porque isso lhe servirá de alguma forma à vontade, no seu caminho para vencer alguém ou alguma coisa. O velhinho imobilizado que morre na casa em chamas provavelmente *não queria* morrer. Seu conflito é com a própria impotência física.

Diz Baker, ainda, que se pode chegar, a essa altura, a três *conclusões*, com respeito ao dramático:

1 – Pode-se despertar emoção no espectador pela mera *ação física*, desde que esta desenvolva a história, ou mostre melhor um personagem, ou faça as duas coisas; pode-se conseguir a mesma coisa pela *ação mental*, desde que bem acompanhada pelo público; e até pela *inação*, se a caracterização e o diálogo forem de boa qualidade.

2 – Ao contrário do que se pensa, não é a *ação*, mas, sim, a emoção o ponto central do drama.

3 – É errôneo supor que existem assuntos não dramáticos, na medida em que são destituídos de ação, uma vez que, nas mãos de um dramaturgo hábil, que saiba criar uma relação emocional com seu público, todos os assuntos valem.

Opondo-se, enfim, à teoria do conflito de Brunetière, e à teoria da crise de Archer, Baker apresenta, como os demais, sua própria visão do assunto, adaptando a definição de Archer:

> "Dramático é o que, através da representação de personagens imaginárias, interessa, provocando suas emoções, à média do público reunido num teatro."[27]

---
[27] *Id., ibid.*, p. 501.

E, para terminar

> "A emoção, cuidadosamente veiculada, é o ponto fundamental de todo bom drama; ela deve ser veiculada pela ação, pela caracterização e pelo diálogo. Isto deve ser feito num certo espaço de tempo que, normalmente, não exceda duas horas e meia e nas condições físicas do palco, não através do próprio autor, mas de atores."[28]

Torna-se muito difícil, parece-me, afirmar que é a emoção trazida pela ação (e não a ação que provoca a emoção) o elemento que tem primazia no âmbito do dramático. A prioridade, no caso, é questão quase que de *lana caprina*. E, no fundo, não altera muito as coisas.

Vimos, até o momento, que a ação dramática (com a parcial – ou apenas aparente – exceção de Baker) tem centralizado a atenção dos que procuram o ponto principal da estrutura do drama; Baker chama a atenção para o primado da emoção, que, no entanto, é veiculada pela ação dramática, pelo diálogo, pela caracterização de personagens. E, conquanto defenda até a inatividade emocionante, no fundo não nos dá a regra para conseguir a eficiência dessa inatividade.

Por outro lado, em todos os momentos da discussão se falou em conflito, ora de vontades, ora da vontade contra outras forças, ora, ainda, conflito interior. E, num dos casos (o de

---

[28] *Id., ibid.*

Archer), falou-se do teatro como a arte das crises. O que seria uma *crise*? Seria, parece-me, o ponto culminante de um conflito. Pela altura da metade de *Casa de Bonecas*, de Ibsen, por exemplo, o casamento de Nora e Helmer está *em crise*. Como se reconhece isso? Porque o conflito, que se vinha entremostrando desde o início, é posto às claras e vem a eclodir. *Antígona*, de Sófocles, é bem uma peça de *crise*. Por quê? Porque os conflitos entre a heroína e Creon, entre as leis da família e as leis do Estado, de repente são postos a nu, explodindo.

Vejamos, agora, o que diz sobre o assunto John Howard Lawson, homem de teatro norte-americano nascido em 1894, na sua *Teoria e Técnica da Dramaturgia* (1936)[29], em dois capítulos que se chamam, exatamente, "A Lei do Conflito" e "Ação Dramática".

Diz inicialmente Lawson que:

1 – Um conflito dramático deve ser um conflito social.

Pode ser uma colisão dramática entre seres humanos, ou entre seres humanos e as circunstâncias, incluindo-se aqui as forças sociais e as forças da natureza. O que não se pode imaginar é um conflito entre dois grupos de forças naturais. O Homem sempre deve estar envolvido nisso.

2 – O conflito dramático, por outro lado, está sempre ligado ao exercício da vontade consciente. Um conflito sem vontade

---

[29] *Id., ibid.*, p. 539

consciente, totalmente subjetivo ou totalmente objetivo, não é peculiar ao ser humano, nem social, portanto.

3 – O caráter essencial do drama, assim, é um conflito social no qual a vontade consciente é exercida, lançando pessoas contra pessoas, ou grupos, ou forças naturais e sociais.

Consequências do que ficou dito é o que expõe Lawson, quando, ao estudar a qualidade do drama, exemplifica com a guerra, ou com uma luta de boxe. Uma luta é um conflito entre duas pessoas; uma guerra é um conflito entre dois grupos humanos. Mas, conquanto sejam dramáticos, não são drama. Por quê?
Porque, continua, o que conta na questão relativa à *vontade* é a sua *qualidade* e o grau de consciência que ela envolve.
Contrapondo-se às objeções de Archer a Brunetière, diz Lawson que o francês não se referia especificamente ao *choque de vontades de pessoas* quando falava em conflito. Evidentemente, existe conflito na cena do balcão de *Romeu e Julieta*: não entre as vontades dos dois personagens diretamente envolvidos, mas entre os grupos de pessoas que formam as duas famílias, principalmente. Cada um dos interlocutores, Romeu e Julieta, tem uma boa dose de vontade consciente e a exerce, lutando contra os numerosíssimos obstáculos que lhes são opostos. Que *naquela cena* não esteja aberto o conflito, é outra coisa.
Na questão relativa a *Édipo* e a *Espectros* (duas das peças que estão em discussão desde que se começou a refutar Brunetière), diz Lawson que, começando elas numa *crise* (para usar a terminologia de Archer), é natural que tenham boa parte de sua ação

já acontecida. Édipo não é nunca uma vítima passiva (sobre isso já se disse bastante). Quanto a *Espectros*, Lawson enfatiza a personalidade da Sra. Alving e sua luta contínua por dominar os acontecimentos. Oswald se opõe ao seu destino com todas as forças e tampouco se conforma com ele. Não se trata, por muitas razões, de um acomodar-se passivo por parte de qualquer personagem.

Refutando mais uma vez Archer, diz Lawson que a *crise* é o momento culminante do conflito, e que não teria validade se não envolvesse vontade humana e se não fosse preparada.

Esse capítulo, o da *preparação* (de um conflito, de uma atitude, de uma ação, de uma crise), é extremamente importante, e me parece que nos deveríamos deter nele por algum tempo.

Preparar dramaticamente alguma coisa é criar, no âmbito de uma peça, indicações pelas quais o público possa, consciente ou inconscientemente, acompanhar a evolução dos personagens e aceitar, basicamente, a solução do dramaturgo.

Uma ação deve ser preparada, como também uma opção, uma escolha, a decisão consequente ao conflito interior e acontecimentos de toda espécie, até o desenlace.

Em *Dama das Camélias*, a protagonista deve morrer tuberculosa: como aceitá-lo se não nos forem dadas, através da peça, por palavras, atitudes, ações da protagonista e reações dos outros personagens, *indicações* que preparem o desenlace? As atitudes físicas do personagem, suas palavras, seu relativo desencanto, sua geral falta de esperança (e a apreensão reinante ao seu redor) são a *preparação* de sua morte. Certas exposições verbais que mostram a maneira como era tida a *demi-mondaine* que é Marguerite dão-nos elementos para preparar o conflito com a família de Duval (que, na verdade, é o conflito da heroína com a parcela *honesta* da sociedade). Suas atitudes levianas e interesseiras (até certo ponto) são, por outro lado, indicações preparatórias de seu conflito com o próprio Duval. E assim por diante.

Em *Casa de Bonecas*, por exemplo, Ibsen nos dá, talvez, a primeira indicação preparatória do conflito que irá eclodir entre Nora e Helmer ao colocar a protagonista em cena, comendo escondido os bombons que o marido lhe proibira. Claro está que essa ação serve também para caracterizar Nora, que nos aparece, só por esse detalhe, como:

Uma pessoa gulosa;
Uma pessoa infantil;
Uma pessoa *tutelada* pelo marido;
Uma pessoa capaz de mentir;
Uma pessoa capaz de se rebelar.

No entanto, naquele momento e naquelas circunstâncias, a colocação em cena (e não numa mera indicação verbal) desse pequeno ato de rebeldia consciente (que, de resto, está também ligado a uma espécie de festejo) *prepara* o nascimento de uma Nora independente, que vai acontecer no fim da peça.

Mas as indicações de preparação devem, evidentemente, ser discretas, eficientes, bem-medidas. Um excesso de preparação desvenda ao espectador, antes da hora, os caminhos da ação. Tudo fica aberto e não existe mais expectativa nem surpresa.

Por isso, ao mesmo tempo em que faz Marguerite Gautier tossir, desfalecer e desesperar-se, Dumas Filho cria para ela momentos de entusiasmo, de sonhos e de esperanças futuras. Ibsen faz, no 1º ato de *Casa de Bonecas*, o desenho de um lar feliz, com festa, presentes, árvore de Natal. Nora é a *cotovia* de Helmer, Helmer é o protetor de Nora. Há longos diálogos em que ele lhe diz como está ansioso por defendê-la e cuidar dela (quando, dois dias depois, está pronto para abandoná-la à própria sorte).

Essa preparação negativa (ou *contrapreparação*) é a grande arma dos escritores de novelas (e peças) policiais, que se fartam de nos fornecer falsas pistas, com a presença de tias malignas, mordomos armados de revólveres, jardineiros loucos etc., para, ao final, ficarmos sabendo que o assassino era o hóspede mais simpático (ou, no máximo, era o próprio policial).

Assim, de preparação e contrapreparação, construímos o caminho do conflito e, portanto, da *crise*, segundo Archer.

Mas voltemos a Lawson; diz ele que a definição de Henry A. Jones do drama como uma sucessão de conflitos iminentes e conflitos deflagrados é mais uma definição de *construção* do que de *princípio*.

> "A crise, a explosão dramática é criada pela
> lacuna existente entre o alvo e o resultado"[30],

diz Lawson.

Assim, por exemplo, a *crise*, em *Antígona*, seria o espaço vazio que ficou entre o seu desejo de enterrar o irmão e a sua

---

[30] *Id., ibid.*, p.540.

morte. A força de sua vontade estava dirigida para o seu objetivo: honrar o irmão morto. Visto que, por força do obstáculo que lhe é oposto (proibições e constrangimento físico), ela é obrigada a insistir, escondendo-se e usando de subterfúgios, sobrevém o castigo: a morte. Ela, que queria apenas enterrar o irmão, acaba sendo morta. O descompasso entre seu objetivo e seu destino final seria, para Lawson, a crise, a *explosão dramática*.

A vontade exercida pelo personagem na busca do seu objetivo deve ser, diz Lawson, *realista*, ou seja, deve estar de acordo com o objetivo a ser atingido, para que nos convençamos da sua verossimilhança. Um personagem que quer ser imortal, ou quer a Lua, ou quer viver quinhentos anos, normalmente não nos convenceria devido à impossibilidade de consecução do objetivo e, portanto, inadequação da vontade. Por outro lado, a *força* da vontade deve ser compatível com o objetivo. Ninguém toma uma distância de vinte metros para saltar vinte centímetros, por exemplo.

Ao final do capítulo sobre "Conflito", Lawson, naturalmente, oferece-nos a sua definição de drama:

> "O caráter essencial do drama é o conflito social – pessoas contra outras pessoas, ou indivíduos contra grupos, ou grupos contra outros grupos, ou grupos contra forças sociais e naturais –, conflito no qual a vontade consciente, exercida no sentido de se alcançarem objetivos específicos e aceitáveis, é suficientemente forte para trazer o conflito ao ponto da crise"[31].

---

[31] *Id., ibid.*, p. 542

E, na discussão de ação dramática, Lawson parte do ponto final do capítulo referente ao conflito. Desde que o conflito é o caráter essencial do drama, e deve ser levado até o ponto de crise (isto é, deve *crescer*, deve *aumentar*, deve sofrer um *movimento*), e desde que existem no drama várias crises – que seriam mudanças de equilíbrio –, uma peça é uma série de mudanças de equilíbrio entre forças conflitantes, e o seu *clímax* seria a *maior* mudança de equilíbrio possível nas condições dadas (*peripécia?* E por que não?).

"Ação" – diz St. John Ervine, citado pelo autor – "é desenvolvimento e crescimento". Ora, Baker diz que a ação pode ser física ou mental, desde que provoque uma resposta emocional. Mas o que é isso? Ação de fato é mudança de equilíbrio e *deve* englobar físico e mente. A *expectativa* da mudança já é o começo da ação. Mas a ação em si acaba sempre se concretizando num evento físico.

Deve-se distinguir *ação de atividade* (movimento em geral). A ação é uma espécie de atividade, uma forma de movimento, mas a efetividade da ação não depende do que se faz e sim do sentido com que se faz.

A ação pode ser confinada a um mínimo de atividade física, mas esse mínimo determina o *sentido* da ação. Estar sentado numa cadeira ou simplesmente falar envolve um mínimo de atividade física. Encontrar a qualidade e o grau de atividade que convém a determinada ação – isso é o trabalho do dramaturgo.

O diálogo é também uma forma de ação (e isso já tinha sido verificado em Schlegel). O diálogo abstrato, que não faz caminhar a ação, *não é dramático*. A fala só vale enquanto descreve ou exprime ação dramática. Literalmente:

> "A ação projetada pela fala pode ser retrospectiva ou potencial, ou pode ser concomitante. Mas o único teste para a eficiência do que está sendo dito está na sua concretude, no impacto físico, na sua qualidade de tensão."[32]

O diálogo não revela um estado mental, apenas; ele atualiza esse estado. A personagem fala para exprimir-se, e assim *age*.

A ação não pode ser estática; ela deve estar sempre em processo, sempre em *devir*, fluindo. Vem de uma ação e desemboca em outra, envolvendo várias mudanças de equilíbrio. A imobilidade física, nesse caso, pode ser extremamente expressiva de *tensão*, devir, mudança de equilíbrio, progresso, ação, enfim.

O solilóquio de Hamlet pode ser, assim, novamente considerado. As falas, no caso, expressam iminente mudança de equilíbrio, e a decisão levará a uma nova fase na vida do personagem.

Citemos literalmente:

> "Ação dramática é atividade que combina movimento físico e diálogo; inclui expectativa, preparação e realização de uma mudança de equilíbrio que é parte de uma série de outras mudanças. O movimento em direção à mudança pode ser gradual, mas o processo deve realmente acontecer. A falsa expectativa e a falsa preparação não configuram ação dramática. Esta pode ser simples ou complexa, mas, em todas as suas partes, deve ser objetiva, progressiva e cheia de significado."[33]

---
[32] *Id., ibid.*, p.543.
[33] *Id., ibid.*

Permitamo-nos, então, voltar às perguntas iniciais: Ação Dramática, Unidade e Conflito? Seria isso? Seriam esses os elementos que, pelo menos dentro do tipo de dramaturgia que nos propusemos a estudar aqui e que chamaríamos, neste momento, dramaturgia aristotélica, nos dão o esqueleto, a estrutura, o corpo de uma peça de teatro?

Ora, e resumindo: segundo Aristóteles, a unidade da ação dramática – unidade de ideia central, unidade de movimento central, espinha dorsal de um drama – é a única indispensável. Ação, segundo ele, é *o que* deve ser imitado. Nada mais seria necessário dizer para enfatizar a importância que concede à ação dramática e à sua unidade.

Ação, segundo Dryden, é aquilo que *queremos fazer* e *fazemos*. E, segundo Hegel, ação dramática é vontade consciente, movendo-se para diante por meio de conflitos. E a *unidade da ação* está no objetivo único, determinado, alvo da vontade consciente do personagem livre, que enfrenta vontades opostas.

Schlegel mostra que existe ação no diálogo conflitante e modificador, atuante; Brunetière enfatiza a importância do conflito de vontades e ainda dos obstáculos a serem criados para se contraporem a essas vontades. Archer, afastando-se da teoria do conflito, acaba criando a teoria das *crises*. Termina-se, porém, por verificar, com Jones, que crise é resultado de conflito. Jones, no entanto, chama a atenção para o caráter dinâmico do conflito, quando fala em conflitos iminentes e conflitos deflagrados.

Baker avoca para a emoção o papel preponderante na criação do texto dramático; mas diz que essa emoção é levada ao público pela ação dramática, recaindo, portanto, nos termos dos que o antecederam. E Lawson, finalmente, chama a atenção para o fato de que o conflito dramático deve ser um *conflito social* (já definido anteriormente), não sendo necessário que aconteça, exclusivamente, entre duas vontades humanas. E lembra que a ação dramática não é movimento exterior, mera atividade, mas sim *devir*, tensão, crescimento, diálogo concreto, objetivo, dinâmico.

Porém, mais próximo a nós, um professor brasileiro procurou harmonizar as leis da dialética de Hegel com a sua própria visão estética, disso resultando o estabelecimento de novas leis para a construção do drama. Esse professor, autor e diretor de teatro foi Augusto Boal.

As leis do drama segundo Hegel/Boal

No decorrer dos anos de 1961/62, pude assistir a um Curso de Dramaturgia e Crítica oferecido pela Escola de Arte Dramática de São Paulo, em sua primeira fase, ainda não oficial. Fui, nesses anos, aluna, na cadeira de Dramaturgia, de Augusto Boal, então autor e diretor ligado ao Teatro de Arena de São Paulo, atualmente homem de teatro de expressão internacional.

Daquele curso e da cadeira de Dramaturgia, emergiu, então, para todos nós, alunos e professor, um conjunto de *Leis do Drama*, extraídas de Hegel e de sua Lógica Dialética por Augusto Boal, e aplicáveis ao drama aristotélico. Essas leis passaram a ser utilizadas por todos nós, para a análise de textos importantes e criação de novos textos, e de sua eficácia e praticidade passamos nós, alunos, a ter provas antes mesmo de podermos, a rigor, conhecer as suas origens e entender as suas bases teóricas.

Vinte anos depois, consultado por carta, Boal responde, a um pedido meu de esclarecimentos, sobre a origem das *nossas* Leis do Drama:

> "Pelo que me lembro, tentei adaptar, ou
> sistematizar, os conceitos hegelianos dentro
> das 4 leis da dialética, e deu nisso:
>
> 1. Lei do Conflito;
> 2. Da variação quantitativa (ação dramática);
> 3. Variação qualitativa;
> 4. Interdependência."

(Carta à autora, de Paris, em
1º de janeiro de 1981)

Portanto, são quatro as Leis; e, de acordo com nossas antigas anotações e discussões, isso tudo, resumindo, quer dizer o seguinte:

a) Teatro é conflito; todo drama pressupõe conflito, confronto de vontades, ideias, pontos de vista, ações. Onde não há conflito, não há drama;

b) A ação dramática, o movimento interior, o devir constituem a própria essência de uma peça de teatro e são consequência do conflito. Não do conflito estático, que não aumenta, não cresce, mas sim daquele que se intensifica e, portanto, varia quantitativamente;

c) A variação qualitativa é o ponto de mudança para o qual caminha o conflito, em sua intensificação. Chegado a esse ponto de aquecimento máximo, a linha do conflito deve *mudar*, sofrer uma variação – ou salto – qualitativa;

d) Tudo isso – conflito, ação dramática, variação quantitativa, salto qualitativo – deve estar submetido a uma unidade fundamental do todo, à interdependência de todos os componentes, à constância da ideia central, espinha dorsal da obra, e que é, outra vez, o correspondente à regra aristotélica da unidade da ação.

Seria interessante tentar seguir, na medida do possível, o caminho percorrido por Augusto Boal na adaptação das leis da dialética de Hegel ao drama. Fazêmo-lo, sem maiores pretensões, por meio da obra de Henri Lefebvre[34], sem ignorar que outras muitas existem a esclarecê-lo ou contrapor-se a ele, mas não desejando esgotar o assunto (o que, de resto, não seria o tema deste trabalho).

Assim, segundo esse autor, as leis da dialética são *cinco*:

Lei da interação universal;
Lei do movimento universal;
Lei da unidade dos contraditórios;
Lei da transformação da quantidade em qualidade, ou Lei dos Saltos;
Lei do desenvolvimento em espiral, ou Lei da superação.

---

[34] LEFEBVRE, Henri. *Lógica formal, Lógica dialética*. (*Logique formelle, Logique dialectique*). Trad. Carlos Nelson Coutinho. Rio de Janeiro: Ed. Civilização Brasileira, 1979.

O mesmo Lefebvre nos dá, na obra já citada, notícia do que dizia Engels a respeito; assim, consoante Engels (por Lefebvre), as leis da dialética são *três*:

Lei da transformação da quantidade em qualidades;
Lei da interpenetração dos opostos;
Lei da negação da negação.

Vemos aqui que a lei "a", segundo Engels, é a "d" segundo Lefebvre; a "b" de Engels é a "c" de Lefebvre; finalmente, a "c" de Engels é a "e" de Lefebvre.

Ou seja, esclarecendo: quando Engels fala em quantidade e qualidade, é seguido por Lefebvre; quando fala em interpenetração dos opostos, Lefebvre fala em unidade dos contraditórios; finalmente, quando Engels se refere à negação da negação, Lefebvre prefere falar em superação, ou desenvolvimento em espiral, que compreende a negação, a negação da negação e consequente superação.

No entanto, existe, ainda, na própria obra citada de Lefebvre, mais uma versão das leis, que é a de Joseph Stalin; dessa forma, no seu livro *Materialismo Dialético* e *Materialismo Histórico* (seguindo a citação de Lefebvre), Stalin aponta *quatro* leis da dialética:

Lei da interdependência Universal;

Lei do Devir Universal;
Lei da interpretação dos Opostos;
Lei dos Saltos, das transformações da quantidade em qualidade.

Já podemos notar que, novamente, as leis acabam por se identificar em todas as versões, sendo a de Lefebvre, como se viu, a mais completa, uma vez que explicita a *superação*, contida de forma implícita nas demais organizações.

Temos dessa forma, segundo os três codificadores citados, as seguintes *leis da dialética*:

1. Lei da *interação universal*, ou da interdependência universal.
2. Lei do *movimento universal*, ou do devir universal.
3. Lei da *unidade dos contraditórios*, ou da interpenetração dos opostos, conflitos, contradições internas.
4. Lei da *transformação da quantidade em qualidade*, ou Lei dos Saltos.
5. Lei do *desenvolvimento em espiral*, ou Lei da negação da negação.

Resta-nos, agora, explicar seu conteúdo (na medida do possível) e estabelecer sua ligação com as leis do drama a que nos referimos no início.

A primeira lei: da interação universal

Pode-se dizer que interação universal é a conexão, a mediação recíproca de tudo o que existe com tudo o que existe. Nada é isolado na natureza – nem na sociedade – e nada pode ser tomado isoladamente. O conhecimento é conhecimento de todas as coisas enquanto se relacionam e dessas relações. O que interessa ao conhecimento é o conjunto dos fenômenos e não cada fenômeno isolado e fechado em si. Tudo age sobre tudo e tudo recebe a ação de tudo.

A segunda lei: do movimento universal

Como consequência da interação universal surge o movimento universal; movimento *interno*, proveniente de cada coisa, e movimento *externo*, mercê do qual cada coisa recebeu influência e influenciou. Nada é estático na natureza, e tudo flui; no entanto, nada passa completamente, porque o que era ficou no que é e se transformou, pelas suas relações mútuas, no que é conjuntamente com ele. Tudo é *devir*; tudo tende para o seu fim e tudo o que nasce já está morrendo. No entanto, tudo o que morre renasce, num movimento em espiral, ascendente. Nada passa de novo pelo mesmo caminho, mas o movimento é movimento para frente e para cima.

A terceira lei: da unidade dos contraditórios

Entramos, agora, no terreno mais estrito da Lógica; assim, enquanto a lógica formal aristotélica se atém ao princípio da identidade (o que é, é; o que não é, não é; "A" é igual a "A"; "A" não pode ser igual a "B"; o homem não pode ser, ao mesmo tempo, mortal e imortal), a lógica concreta, dialética, busca surpreender, dentro do princípio de identidade, indispensável a um pensamento coerente, a sua *mobilidade*, o seu conteúdo verdadeiro. "A" é igual a "A", é claro, mas essa afirmação, conquanto lógica e indiscutível, não tem sentido se permanecer assim.

É estática e inútil. Hegel explica que o princípio de identidade e, mais ainda, o princípio de contradição, são de natureza sintética, contendo também o *outro* da identidade, e mesmo a não identidade, a contradição imanente. Quando se diz *homem*, se diz também o *não humano*, e quando se diz *mortal*, deve-se saber o *imortal*, para que se possa estabelecer a diferença. Diferença é relação, relação entre diferentes. Manter *ad infinitum* a forma do princípio de identidade – "A" é "A" – é cair no absurdo, no não pensamento. O pensamento não caminha, se dissermos sempre que homem é homem, espaço é espaço e assim sucessivamente. Nosso pensamento, quando concreto, afirma, ao contrário, que "A" é "B", isto é, que o sol é claro. Estabelece, assim, relações entre as coisas.

Naturalmente, *homem* e *imortal* são contraditórios, ou, se se quiser, opostos. Mas existe imortalidade no homem; existe imortalidade no ser mortal. O frio e o quente se interpenetram; há um momento em que o frio se torna quente, e vice-versa.

Assim, diz Lefebvre:

> "A contradição dialética é uma inclusão (plena, concreta) dos contraditórios um no outro e, ao mesmo tempo, uma exclusão ativa... O método dialético busca captar a ligação, a unidade, o movimento que engendra os contraditórios, que os opõe, que faz com que se choquem, que os quebra ou os supera."[35]

---

[35] *Id., ibid.*

O que é dramaturgia 75

É esta interpenetração, e a consequente unidade dos contraditórios, que se formaliza na terceira lei da dialética hegeliana.

A quarta lei: das variações, quantitativa e qualitativa

Cada ser é de uma *qualidade*; ele é uma qualidade finita. O nosso é um mundo qualitativo, onde cada coisa é de uma forma, de um jeito, determinada como *algo*. E é a qualidade que nos dá as características desse algo.

Porém, os seres não são (e o mundo não é) apenas qualitativos (dizem Lefebvre e Hegel); se o fossem, o *devir*, o movimento interior seria ou totalmente contínuo ou totalmente descontínuo (por ausência de quantidade). Ou o devir sobreviria, como diz Bergson, de uma forma brumosa, indefinível, ou aconteceria aleatoriamente, as qualidades se modificando sem nenhuma razão interior. De qualquer das duas formas, dizem os dois autores acima citados, o mundo se transformaria no caos.

O que dá ao mundo qualitativo uma estrutura definida, assim, é a *quantidade*, que introduz a continuidade concreta, a gradualidade. Diz Lefebvre:

> "No devir, a qualidade dura, se prolonga, se repete; conserva-se a mesma no curso de um crescimento quantitativo gradual. Assim, a água conserva sua qualidade ao aquecer-se ou ao resfriar-se."[36]

---
[36] *Id., ibid.*

Mas a quantidade introduz também a *descontinuidade*. O ser qualitativo, durante momentos, conserva-se o mesmo (a água enquanto esquenta), mantém a sua unidade, mantém-se qualitativamente igual. Mas, após um crescimento quantitativo relativamente calmo, a unidade qualitativa é abolida de um só golpe, substituída por "outra coisa": é o salto qualitativo.

O devir concreto, portanto, atravessa momentos de *crise* (é curiosa a terminologia, tão dramática), processa-se por *saltos*.

Assim, as modificações quantitativas se aceleram e desembocam no *salto*. A modificação qualitativa é brusca e provém de um conflito. E diz Lefebvre, textualmente:

> *"anotamos que a lei dos saltos é a grande lei da ação."*[37]

O que é muito significativo.

A quinta lei: do desenvolvimento em espiral (ou da superação)

A lei do desenvolvimento em espiral é, claramente, uma consequência da segunda e terceira leis, ou seja, do movimento universal e da unidade dos contraditórios. É, ainda, a lei da negação da negação de Engels.

Explicando o complexo problema da negação da negação em Hegel (conceito do qual parte, evidentemente, Engels), diz Caio Prado Jr.[38]:

---

[37] *Id., ibid.*
[38] PRADO JÚNIOR, Caio. *Dialética do Conhecimento*. 2ª ed. São Paulo: Editora Brasiliense, 1955, 2 v.

> "A Razão (consciência, pensamento) se afirma, se propõe: é o plano racional em que o Homem livre se determina – Hegel chamará esse primeiro momento de *afirmação*.
> A Razão se objetiva, exterioriza: é o plano racional que se realiza pela ação do Homem; e o Real assim formado, e exterior ao Pensamento, se oporá a ele como um 'outro'.
> É a *negação*.
> Essa oposição entre a Razão e sua exteriorização, entre a Razão e o seu 'outro' representa uma contradição que leva a Razão a 'negar' aquele 'outro'. É a *negação da negação*.
> Mas, negando a negação, a Razão se afirma novamente, e recomeça o processo, ou melhor, para usar a expressão hegeliana consagrada, a *dialética*. Note-se contudo que a *negação da negação*, que representa a *afirmação* do ciclo seguinte, não é mais a *afirmação* anterior, mas se eleva acima da *negação* precedente e do Real que ela representa. A *negação da negação* engloba pois esse Real que no ato de se propor ela recolhe para se fazer a *afirmação* com esse acréscimo. Essa nova *afirmação* é assim algo mais que a *afirmação* anterior."

Portanto, sendo a contradição uma negação, e também uma negação da negação, o movimento que a isso se segue é a *superação*, que engloba ambas as posições e vai além delas.

Em outros termos, que Lefebvre não aceita, tratar-se-ia da

síntese. Eis, no entanto, a forma como o autor francês coloca o assunto:

> "Uma realidade só é superada na medida em que ingressou na contradição, em que se revela ligada com seu contraditório. Então, os dois termos se negam em sua própria luta, livrando-se mutuamente de suas estreitezas e unilateralidades. Da negação recíproca, surge a *negação da negação*: a superação."[39]

O movimento do conhecimento, no ser humano, da História, portanto, assim considerado, é um movimento ascendente, contínuo, progressivo, em espiral. Ocorre o retorno acima do superado, para vê-lo do alto, observá-lo, passar além, ultrapassar.

Diz Henri Lefebvre, finalmente, que todas essas leis dialéticas constituem, pura e simplesmente, uma análise do movimento. E é nesses termos que vamos, agora, voltar à observação das leis do drama delas extraídas.

Assim, as Leis do Drama, consoante a colocação inicial deste item, já agora se tentando explicá-las, seriam as seguintes:

Lei do conflito

O assunto já foi tratado, com algum cuidado, em momentos anteriores deste mesmo trabalho; bastaria dizer, agora, que o conflito é, nessa ordem de pensamento, o *cerne de toda peça de*

---

[39] LEFEBVRE, Henri. *Lógica formal, lógica dialética, op. cit., loc. cit.*

teatro feita segundo a dramática aristotélica e até mesmo o esqueleto de qualquer peça de teatro. Mas, enquanto a última parte dessa assertiva é passível de muita discussão, julgo, a esta altura, indiscutível a questão, no tocante à dramática rigorosa. E é apenas neste campo, e para este campo, que as *Leis* foram criadas.

Assim, a primeira exigência para a feitura de uma peça do teatro dramático é a existência de conflitos. O primeiro momento da análise de qualquer texto dessa espécie, por consequência, será a identificação dos conflitos; é a determinação de um conflito central, primordial, o que nos vai dar a linha mestra, a coluna do texto.

Lei da variação quantitativa

Existem e devem existir, portanto, num texto dramático, conflitos variados e de toda a espécie, subordinados a um conflito central, principal. Uma peça de teatro é um grande conflito, e cada cena é um conflito pequeno (ou deve sê-lo). No entanto, esses conflitos não podem ser estáticos, imutáveis, imóveis. Eles devem nascer, instalar-se, crescer, aumentar em quantidade. As forças em oposição, as vontades contraditórias, as energias opostas não permanecerão sempre iguais, caso em que padeceriam de *estatismo*, como já foi dito. Com base em um recrudescimento das vontades ou forças envolvidas, o conflito crescerá, se intensificará, aumentará qualitativamente, até que atinja um novo momento em seu desenrolar. Isso (e mais a variação qualitativa) será o móvel da *ação dramática* propriamente dita.

Lei da variação qualitativa

Seguindo-se a linha de pensamento já exposta quando se tratou de variação qualitativa na enumeração das leis da dialética, poderemos com facilidade entender a que se refere o dramaturgo, neste caso. No ponto em que se deixar o conflito de vontades de dois personagens num drama, quando ocorrer a intensificação quantitativa até o ponto máximo, alguma coisa deve acontecer, *diferente*, de diferente qualidade, que não é nenhuma das posições anteriores, mas que engloba as duas.

Se examinarmos, por exemplo, o grande conflito da peça *Romeu e Julieta*, de Shakespeare, poderemos concluir que ele ocorre entre as famílias Montecchio e Capuleto (outra leitura poderia nos levar à conclusão de que o grande conflito ocorre entre os dois amantes, conjuntamente, e o resto do mundo; mas isso não importa agora). Se nos decidíssemos pela análise do conflito entre Montecchio e Capuleto, teríamos de partir da constatação do grande antagonismo entre as famílias. Esse antagonismo se exacerba no decorrer da peça, vai-se intensificando devido aos acontecimentos, aumenta quantitativamente. Quando, porém, a morte dos dois amantes, por assim dizer, *dissolve* aquela hostilidade, que crescera todo o tempo, o que sobrevém é uma *mudança qualitativa*. É claro que a *paz* superveniente estava *contida* na anterior hostilidade (a qual fora precedida, naturalmente, de uma indiferença que *não é hostilidade nem paz*). A paz, no entanto, sucedeu à primitiva indiferença e à posterior hostilidade; os conflitos tinham-se exacerbado até o limite máximo possível nas circunstâncias; depois, por consequência do conflito aumentado (e com toda a ação dramática correspondente) ocorreu a variação de qualidade: a pacificação.

Houve aí, portanto, o *salto*. E houve, também, ação dramática; já Lefebvre dissera que a lei dos saltos é a grande lei da ação. Conforme Boal, a lei da variação quantitativa é a lei da ação dramática. Poderíamos dizer, creio eu, que em consequência da variação quantitativa e do salto qualitativo, e no *decorrer* dessas mudanças, ocorre ação dramática.

Lei da interdependência

Essa lei é consequência de tudo o que até agora foi dito, seja no tocante às leis da dialética propriamente dita, seja no tocante às leis do drama. Para Hegel, tudo está ligado a tudo e tudo se move num conjunto, como o das grandes constelações. Tudo depende de tudo e nada tem sentido tomado isoladamente. Por conseguinte, se aplicarmos essa afirmativa ao drama (coisa que, aliás, já está na *Poética* de Aristóteles), tudo, numa peça de teatro, deve estar relacionado. A peça deve ser um conjunto onde todas as coisas dependem umas das outras. Os conflitos estão unificados, a ação dramática é uma só, conduzida por uma ideia central, única e unificadora. Não têm sentido as ações laterais, que não acrescentam nada ao cerne do drama. Esse cerne, esse osso, esse núcleo deve centralizar tudo, como um eixo. As cenas todas de um drama devem estar ligadas a esse eixo e não podem ser inúteis, supérfluas. Se o forem, serão dispensadas. Essas cenas supérfluas, verdadeiros apêndices, são aquelas que os diretores sempre cortam em suas montagens. E ai do dramaturgo que não tiver a intuição disso!

Os personagens estarão ligados entre si, e todos à ação principal; tudo o que for feito será feito para servir à ação principal, para enriquecê-la, explicá-la, aperfeiçoá-la. A unidade fundamental da ideia e a unidade da ação, assim, são-nos dadas e são garantidas por essa interdependência, *coroamento* final de todas as regras já apresentadas.

Assim, colocada com a clareza possível, parece-me que fica demonstrada a eficácia da teoria Boal/Hegel com relação às obras teatrais da dramática pura, às peças construídas segundo a visão aristotélica de teatro. O drama, dessa forma, seria uma construção inicialmente literária, na qual ação e conflito se apresentam como elementos indispensáveis. A ação dramática como movimento interior, carregado de subjetividade, como tensão, impulso para frente, *una* e *mesma* dentro de uma peça, resultado de uma mesma e constante vontade consciente, seria o fio condutor da obra dramática.

E essa ação, tão evidente e tão óbvia imitação dos atos humanos, defluiria do conflito, dinâmico, crescente, que aumentaria quantitativamente até explodir na mudança de qualidade determinadora da variação da ação, da mudança do agir, da mudança na qualidade dos atos que viriam a seguir, no drama.

Esses seriam, assim, os elementos indispensáveis à construção da obra dramática.

Mas de toda obra dramática?

Ou apenas da aristotélica, da *dramática* propriamente dita, da *dramática rigorosa*?

É o que se tentará explicar.

TEATRO ÉPICO
E DRAMÁTICA RIGOROSA

Seguindo aqui, com certa continuidade, as admiráveis, porque claras e não elementares, colocações de Anatol Rosenfeld, em seu *O Teatro Épico*[40], tento unir as anteriores observações feitas com relação aos problemas de *Ação Dramática e Conflito* (problemas que parecem exclusivos de um teatro *aristotélico tradicional*, ou, como diz Rosenfeld, de uma *dramática pura* ou *rigorosa*) à questão dos elementos épicos no teatro e no drama.

Pretendo, na verdade, unir os dois grupos de observações para demonstrar que, de fato, o teatro de cunho épico, conquanto não esteja preocupado com a pureza dos seus componentes (ou por isso mesmo), não prescinde dos recursos que lhe são aportados pela ação dramática eficiente, a qual procede

---
[40] ROSENFELD, Anatol. *O Teatro Épico, op. cit., loc. cit.*

do conflito bem-construído (e que se acompanha de personagens bem-caracterizadas).

Assim, tomemos o texto de A. Rosenfeld; começa ele por expor uma Teoria dos Gêneros com base em Platão e Aristóteles. Por aí se reencontra o estudo dos modos de imitação e chegamos aos três gêneros: lírico, épico e dramático, sendo o lírico aquele em que o poeta fala por si, o dramático aquele em que o poeta faz aparecer personagens, e o épico aquele em que o poeta narra, em seu próprio nome ou servindo-se de personagens (como faz Homero).

A teoria dos gêneros, se tomada rigidamente, é artificial; nada é assim tão branco-e-preto. Por outro lado, corresponde ela (ou correspondem os gêneros) a posições peculiares do artista em face do mundo. Nada é puro e nada é gratuito.

Continuando, podemos dizer que é *lírico* todo poema de pequena extensão em que geralmente um *EU* se exprime; é *épica* toda narrativa (poema ou não) de maior extensão que conta uma história. É, finalmente, *dramática* toda obra dialogada em que personagens atuem sem interferência de mais ninguém.

O gênero lírico é, de todos, o mais subjetivo. Diz Rosenfeld:

> "A Lírica tende a ser a plasmação imediata
> das vivências intensas de um EU no encontro com o mundo..."[41]

Na Lírica não se configuram personagens. O Eu funde-se com o mundo, o poema lírico se concentra, se torna intensamente *expressivo*, curto, musical.

---
[41] *Id., ibid.*

O gênero épico, por sua vez, é mais objetivo. O mundo está *fora* do narrador, que o descreve, e o descreve a alguém. O narrador quer *comunicar* sua visão do mundo exterior a alguém, e essa visão é objetiva e, de certa forma, serena.

O narrador, portanto, não descreve seus próprios estados de alma e não finge estar fundido com suas personagens. Quando muito, finge ter sido testemunha de tudo. Mas a boa testemunha *está fora*.

O mundo, na *Lírica*, está completamente subjetivado; na *Épica*, verifica-se a oposição sujeito-objeto. No gênero *Dramático*, é o sujeito que, por assim dizer, desaparece, e tudo passa a ser *objeto*, o *objetivo* do Drama.

Voltaríamos, aqui, a falar na concepção hegeliana de síntese dramática: o Drama seria a síntese do subjetivo da Lírica e do objetivo da narrativa ou Épica. No entanto, esse assunto já foi visto. Bastaria que disséssemos, agora, para melhor entendimento, que, se na Lírica o *Eu* engloba o ser objetivo do mundo, na Dramática é como se os fatos, os acontecimentos, a *Ação* existissem objetivamente, tornando-se inútil tudo o mais.

Ora, como diz Rosenfeld:

> "Estando o 'autor' ausente, exige-se do drama o desenvolvimento autônomo dos acontecimentos, sem intervenção de qualquer mediador, já que o 'autor' confiou o desenrolar da ação a personagens colocados em determinada situação."[42]

---

[42] *Id., ibid.*

Eis a razão por que, assim, qualquer interferência *estranha* (de narrador, de elementos mecânicos) que *ajude* o desenvolvimento dos acontecimentos já não é puramente dramática. Para que seja puro, o Drama deve viver sozinho, por si, por seus personagens que agem e dialogam. Quando precisa de algo mais, isso significa que *falhou* enquanto pureza.

Cada cena movendo a seguinte, o *drama rigoroso* é como um mecanismo que se move sozinho; deve caminhar para frente, não pode voltar no tempo (o *flashback* é épico), a ação dramática acontece *aqui e agora*. Podemos citar o texto de A. Rosenfeld:

> "A peça é, para Aristóteles, um organismo: todas as partes são determinadas pela ideia do todo, enquanto este ao mesmo tempo é constituído pela interação dinâmica das partes. Qualquer elemento dispensável neste contexto rigoroso é 'anorgânico', nocivo, não motivado. Neste sistema fechado tudo motiva tudo, o todo as partes, as partes o todo."[43]

Nesse contexto, as três unidades são apoio valioso para o rigor da dramática, na medida em que mantêm a continuidade e garantem (em termos) a verossimilhança.

O diálogo dramático (contraposição dinâmica de vontades) é a linguagem do drama rigoroso. A sua função linguística é a apelativa; as vontades procuram influenciar-se mutuamente.

---

[43] *Id., ibid.*

> "É muito curioso que Aristóteles tenha baseado sua *Arte Poética* – ponto de partida de toda Dramática rigorosa – no exame de uma dramaturgia que de modo algum é modelo de pureza absoluta, no sentido da forma severa, fechada"[44],

diz A. Rosenfeld. E isso é assim quando se pensa que a tragédia e a comédia gregas conservaram coros e prólogos como elementos de cunho épico e lírico, de resto manifestações do espírito ritual de sua origem.

A passagem, na Idade Média, da *atitude* dramática à épica, baseada no espírito da missa e das cerimônias cristãs, explica, junto com sua visão do mundo, o caráter do teatro medieval, aberto, multiforme, sem rigor dramático. Os cenários são sucessivos ou simultâneos, o tempo é praticamente *todo o tempo*, os estilos se misturam, os personagens se multiplicam. Está-se representando toda a história da cristandade, de suas virtudes e de seus pecados, dos seus santos e dos seus diabos. Mesmo um *Everyman não é alguém*, é *todo mundo*. Adão não é Adão, é o Homem (todos os homens). Tudo já aconteceu, tudo é simultâneo e tudo está ligado a tudo. O teatro medieval é um mural, e não um retrato.

O ideal do Renascimento – de ser mais aristotélico que Aristóteles – reforça a obediência às famosas três Unidades e cria o *palco ilusionista*, onde, à força de isolar o público, pô-lo na escuridão, afastá-lo (pelo menos na medida do possível), se buscava cada vez mais criar e manter a ilusão cênica ao máximo.

---

[44] *Id., ibid.*

O *palco italiano*, iluminado, com cenários em perspectiva, é um quadro vivo, uma ilusão viva de que o que ali acontece, acontece de verdade.

Isso não se dava nem no teatro grego (aberto, com iluminação natural e igual, sem cenários *realistas*, com máscaras), nem no medieval (aberto, com cenário simultâneo, atores *à vista*). O palco italiano, diz Rosenfeld, corresponde a uma visão antropocêntrica do mundo, ao contrário da visão teocêntrica do mundo medieval.

Certo é que essa proposição do palco ilusionista não ocorre de um momento a outro, e sofre muitos retrocessos. Mas a tendência geral é essa.

A dramaturgia clássica francesa, que se proclama herdeira de Aristóteles, defende a peça fechada, de uma dramática rigorosa, obediente às regras (de um modo geral). Evidentemente, coaduna-se com uma época de absolutismo e com uma tendência à ordem e ao equilíbrio, para a manutenção dos quais, sempre, o Homem tem buscado apoio nos melhores cânones. Ora, para a sociedade elisabetana e o homem inglês dos séculos XVI e XVII, as coisas não caminhavam da mesma maneira. Shakespeare, portanto, desejando tratar temas históricos (entre outros) que compusessem um mural do seu país nascente (como nação), queria usar de um outro estilo. Suas peças, sempre severamente coerentes na conservação da *unidade da ação* (como nota Rosenfeld), permitem-se cenas soltas, lugares e tempo de ação variados, comentários, introduções, paradas de ação. Suas peças são abertas, e essa abertura aparece, inclusive, na *irrupção da natureza* que nelas acontece, assim como de elementos fantásticos e mágicos (espectros, bruxas, gnomos, fadas). Diz Rosenfeld:

> "Também o aparecimento de várias camadas sociais contribui para dar a muitas obras de Shakespeare um cunho aberto, ainda acentuado pela multiplicidade dos lugares e a extensão temporal. Mas o princípio fundamental da Dramática – a atualidade dialógica, a objetividade e a posição absoluta do seu mundo... justifica considerar a obra de Shakespeare como exemplo de uma Dramática de traços épicos, sem que se possa falar de uma dramaturgia e muito menos de um teatro épicos."[45]

Enquanto o século XIX europeu é quase todo dominado pela *peça bem-feita*, adaptação pequena da boa dramaturgia aristotélica, a experiência dos românticos e seus predecessores é exatamente a de colocar seus valores – e sua desilusão diante dos valores – num teatro novo, avesso aos cânones, individualista, resposta a um mundo adverso, agressivo e infeliz. Desses predecessores, pode-se dizer que o mais importante é G. Buechner (1813-1837), um moço desiludido com o idealismo, com o socialismo e com o mundo de um modo geral. A nova concepção materialista do mundo (ligada às ciências naturais), que nos leva a ver no homem apenas um animal a mais, acrescentando-se ao sentimento da solidão, do vazio e, poderíamos dizer, da

---
[45] *Id., ibid.*

incomunicabilidade (sensação que tão fartamente vai repercutir no teatro de nossos dias, especialmente na dramaturgia do Absurdo e em Beckett), redunda na mais importante peça de Buechner – e das mais importantes de todos os tempos: *Woyzeck* (1836).

Woyzeck é o que Rosenfeld chamaria de *drama de farrapos*; sua estrutura é a de uma colcha de retalhos, a qual, uma vez pronta, pode mostrar-nos um bonito desenho e, de qualquer maneira, feita como é, obedece a um propósito e se realiza como *colcha*. (Aliás, toda colcha de retalhos tem um forro, ao qual os retalhos são costurados; sem querer entrar, aqui, numa análise minuciosa da peça Woyzeck, poderia acrescentar que, parece-me, na sua construção, feita de retalhos – ou farrapos –, a peça também tem um *forro*: *Woyzeck* tem uma *unidade de ação* – ele, que está sendo submetido a uma experiência científica por um médico, tem uma mulher e um filho, aos quais ama; traído pela mulher, Woyzeck mata-a e se suicida. Sua ação não tem a *vontade consciente total* exigida por Hegel – quão longe está Woyzeck do Príncipe de Hegel – e por Brunetière. A vontade de Woyzeck está contaminada pela fome, pelas humilhações, pelo sofrimento, até por uma certa dificuldade congênita; mas ela existe e vai até o fim.)

O teatro de Ibsen (1828-1906), em geral considerado modelo de boa construção dramática (e é muito frequente que *Casa de Bonecas* e *O Inimigo do Povo* sejam usados como objetos exemplares de análise, nesse sentido), tem sua fase de tendência épica – a primeira fase de produção do poeta –, e é especialmente em *Peer Gynt* que essas características podem ser mais facilmente encontradas. Mas, salienta A. Rosenfeld, é nas peças de aparência mais rigorosamente dramática que mais aparecem os traços épicos da dramaturgia ibseniana. Voltando outra vez a *Espectros*, o que se vê é uma peça de teatro dramático admiravelmente bem-escrita, em que, num *tour de force*, cria-se a ação, o conflito, o diálogo atuante, os acontecimentos presentes... mas em que a *temática é essencialmente épica*, ou seja, em que os acontecimentos principais, verdadeiramente, pertencem ao passado, já aconteceram.

Isso, segundo Rosenfeld, aproxima *Espectros* de Édipo; em ambas as peças, o principal já aconteceu. Na primeira, os personagens estão a par de tudo o que o público, por meio do diálogo e da (pouca) ação atual vai conhecer; na segunda, o público já conhecia o mito, e os fatos iriam ser, agora, revelados aos personagens.

A isso chama o autor de *O Teatro Épico* de *drama analítico*, aquele em que a ação é apenas a *análise* dos personagens e sua situação. Aparentemente tudo se dá no *aqui* e *agora*, mas o verdadeiro tema da peça é a *memória*, a *recordação* (no caso de *Espectros*). Ora, a personagem que recorda se divide, olha para outra parte de si mesma, estabelece a dualidade sujeito-objeto. E isso é épico, ainda que sob forma dramática.

O naturalismo (no qual vai se enquadrar Ibsen) não se serve e não pode servir-se, portanto, da dramática rigorosa, na medida em que, tentando copiar ao máximo a vida, não pode ser exageradamente seletivo, não pode pretender ter unidade, ser conciso, ter começo, meio e fim. A vida, enquanto *fatia*, não é assim. Dessa forma, os naturalistas e seus descendentes impressionistas, querendo mostrar o tempo opaco, o cinzento dia a dia, o tédio, a vida comum, enfim, são obrigados a produzir uma dramaturgia mais frouxa (não no sentido pejorativo), menos tensa, mais amolecida, lenta, retardada. O diálogo não é mais mutuamente transformador; na verdade, quase não serve de nada (novamente a incomunicabilidade!).

Enquanto a *temática* de Ibsen tem um cunho épico, toda a dramaturgia de A. Chekhov (1860-1904) é fortemente épico-lírica. *A falta de ação* é dramatizada e, naturalmente, redunda em falta de ação dramática. Todos os recursos são usados para retardar o andamento, o movimento interior da obra. Naturalmente, a aparência é a de uma construção dramática normal: os acontecimentos são atuais, o diálogo é, de certa forma, uma troca. Mas faltam a *tensão*, o desejo do *devir*, a *vontade* constante, de que tanto já se falou. Já na dramaturgia de G. Hauptmann (1862/1946), outro naturalista, cria-se, num conjunto de cenas isoladas, mais uma vez um painel de uma situação a ser mostrada (por exemplo, no drama *Os Tecelões*). O autor não nos quer mostrar *um* ou *este* tecelão, mas a revolta dos *tecelões* da Silésia, ocorrida em 1844. Para isso, deve montar um conjunto de visões parciais da situação, até conseguir, pelo acúmulo, nos dar a visão total. Ora, essa técnica é épica, e não dramática.

> "Como se pode saber o que ocorre no cérebro dos outros? Conhece-se só uma única vida, a própria..."[46],

teria declarado Strindberg (1849-1912) numa entrevista, segundo Rosenfeld. Mas o artista que declara não conhecer (e não

---
[46] *Id., ibid.*

desejar conhecer) nada dos outros fechou-se em si mesmo e está pronto a construir uma obra totalmente subjetiva, onde o *objeto-tema* do drama foi posto à parte. O Ego é o único assunto do poeta, e os demais personagens, que não o Ego, são projeções suas. O diálogo também perde substância, o monólogo aparente ou disfarçado o substitui. A única unidade que persiste é a do personagem central, pouco importando a fábula. Aflora o mundo subconsciente dos personagens, e o sonho torna-se campo de ação. O passado permeia o tempo presente e, como diz Rosenfeld:

> "Já as projeções cênicas do passado são essencialmente monológicas e por isso de caráter lírico-épico (lírico, por serem expressão de estados íntimos; épico por se distenderem através do tempo; ademais, o lírico, na estrutura da peça teatral, tem sempre cunho retardante, épico)."[47]

Introduz-se, assim, um foco lírico-narrativo, uma subjetividade a partir da qual é projetada a impressão do mundo objetivo da realidade. Ora, essa subjetivação leva ao *expressionismo*, forma especialmente lírica de teatro, não objetiva e antilusionista.

É claro: não pretendendo mais reproduzir a realidade, esse novo teatro despreza a *ilusão de realidade*. O palco não é mais a caixa iluminada das ilusões. O teatro é teatro mesmo, é mentira, portanto uma mentira essencial, porém mentira. Novamente subjetivo (e por isso novamente lírico e novamente épico), o

---
[47] *Id., ibid.*

expressionismo afasta-se de novo da dramática rigorosa. A *quarta parede* tendo sido derrubada, agora o teatro é "disfarce, fingimento, jogo, aparência, parábola, poesia, símbolo, sonho, canto, dança e mito", como diz Rosenfeld. O drama veicula a autoexpressão das ideias do autor, às quais o herói apenas serve. Para isso, percorre ele as *estações* da vida, monologando, dialogando com outras pessoas de modo fragmentário e descosido, num diálogo que literalmente "não adianta". É um ser apartado, marginal, que não se enquadra.

> "É característico que o idealismo subjetivo
> do movimento – a constituição do mundo a
> partir do espírito do herói –, longe de configurar o indivíduo portador das mensagens
> na sua plenitude concreta, ao contrário, leva
> precisamente ao seu esvaziamento e abstração. O lirismo do movimento não permite a
> cristalização de personagens nítidos, mas apenas
> a projeção de ideias e emoções subjetivas (...)
> que se traduzem em mundo cênico."[48]

Outros autores e outros exemplos de recursos épicos se multiplicam ao longo da história da dramaturgia moderna; é típico, assim, o advento, no teatro, do *monólogo interior*, em *Estranho Interlúdio*, do dramaturgo norte-americano Eugene O'Neil (1888-1953). Ao longo do drama, bastante extenso, aliás, desenvolvem-se duas séries de *falas*: as do diálogo real, aparente, e as dos pensamentos das personagens, que são efetivamente ditas em cena, também.

---

[48] *Id., ibid.*

Naturalmente, esse *segundo diálogo* (que na verdade é *primeiro*, porque corresponde à verdade dos personagens, ao seu *ethos*) não se efetiva, porque não fica sendo conhecido pelos interlocutores; mas fica sendo conhecido, isso sim, pelo público, que, dessa forma, penetra nas verdadeiras motivações dos personagens, as quais não surgem nunca no jogo aparente do diálogo convencional.

Também o tempo, em Arthur Miller (*Morte de um Caixeiro Viajante*), é um elemento a epicizar o drama. Não se trata de *flashback*, mas da irrupção do passado no presente através da mente confusa e decadente de Willy Loman.

E a dramaturgia de Thornton Wilder, onde

> "a vastidão cósmica e a miúda vida cotidiana do homem comum – ambas inacessíveis à Dramática pura – associam-se numa relação imediata"[49],

lança mão de toda espécie de recursos narrativos para expressar o passar do tempo, a fugacidade da vida, a pequenez do ser humano diante do Cosmos.

Já para Paul Claudel, o universo é o espelho de Deus, e o poeta é o espelho do universo. Não o poderia ser, de fato, dentro da forma apertada de uma peça bem-feita. O pensamento de Claudel exige espaços, largura, extensão, grandeza. Pretende mostrar o sublime e o mesquinho, o Bem e o Mal, a Virtude e o Pecado... Onde já tínhamos visto isso? Pois é, no teatro medieval e

---

[49] *Id., ibid.*

no barroco, aos quais, por todas as razões, Claudel filia-se (ultrapassando, naturalmente, uma pura filiação e ultrapassando, também, boa parte daquele teatro).

Os recursos de Claudel são, então e de novo, a utilização de narrações, de comentários diretos ao público, a intervenção de personagens que desfazem a ilusão etc. Mas, já agora, tudo isso é emoldurado, por exemplo, em *O Livro de Cristóvão Colombo* (o *livro*, e não o *drama*), pelo espírito cristão, o qual *duplica* o quadro e lhe dá a grandeza, apoiada pela música, que o pensamento filosófico e a fé de Claudel propõem.

A imposição de um novo e vital objetivo ao teatro – tentar melhorar, reformular, revolucionar a sociedade – autoriza, também, o uso de quaisquer recursos para atingir esse objetivo. Ou seja: na medida em que é importante obter do teatro, além do divertimento, ensinamentos, perde-se a cerimônia para com as regras e leis de qualquer técnica mais rigorosa e se parte para aceitar o que quer que nos pareça capaz de fazer alcançar essa meta.

Verdade é que, antes do século XX, outros dramaturgos tinham tentado *ensinar, provar*, modificar por meio do teatro, e as *peças de tese* são apenas um exemplo disso; mas, por um lado muito presos ainda às proibições clássicas, os realistas, por outro lado, propunham mudanças de ordem *moral* e não *política* (a Dumas Filho importava que a sociedade fosse mais tolerante, e não mudar o regime).

Assim, era natural que diretores e dramaturgos do começo do século XX se lançassem a toda sorte de experimentos cênicos para desmontar o aparato realista-naturalista do fim do século anterior e, principalmente, para desmontar a sociedade moribunda da mesma época.

Assim, dentre alguns nomes exponenciais, destaca-se o de Erwin Piscator (1893-1966), diretor que antecede e prepara Brecht e que, lançando mão de todos os recursos não dramáticos possíveis, realiza o teatro que serve aos seus fins.

(Seria interessante, nessa passagem, fazer menção ao *drama documentário*, peça de caráter épico na qual se faz uma ligação entre a ação cênica e as grandes forças atuantes da História. Rosenfeld, no caso, cita a peça *Bandeiras*, de Alfons Paquet, montada em 1924 por Piscator, a qual teria, em sua estrutura, traços dos processos cinematográficos de John dos Passos e Alfred Doeblin).

E assim, tendo percorrido alguns passos do teatro épico e lançado os olhos sobre as novas necessidades que, por seus objetivos muito concretos e imediatos, o teatro pós-expressionista tinha, chegamos, por fim, à dramaturgia de Bertolt Brecht (1898-1956). Mas seria preciso que entrássemos em muitos detalhes? Não terá ficado tudo, já, bastante explícito? E, por outro lado, para que o teatro de Brecht se torne *bastante explícito*, não será preciso muito mais do que uma simples página?

Na verdade, interessa-nos, do teatro de Brecht, verificar brevemente as indicações que de modo mais direto dizem respeito à dramaturgia e, por exemplo, não aprofundar teses relativas ao trabalho do ator, ou à qualidade da música (e outras). Interessa-nos mostrar de que forma, apoiando-se nas experiências já feitas (inclusive naquelas do teatro oriental, de que propositadamente não falamos), Brecht torna claras, eficientes, esteticamente agradáveis e *didáticas* as peças que escreveu ao longo da vida.

Uma das formas mais econômicas de demonstrar esses fatos é, parece-me, reproduzir aqui as indicações pelas quais o dramaturgo alemão compara a forma dramática e a forma épica de teatro:

Forma dramática	Forma épica
1. (Realize-se através da) ação	(...) *narração*
2. *Envolve* o espectador	Torna o espectador *observador*
3. *Gasta-lhe* a atividade	*Desperta* a sua atividade
4. Possibilita-lhe *emoções*	Força-o a tomar *decisões*
5. Dá-lhe *vivência*	Dá-lhe uma *concepção do mundo*
6. O espectador é colocado *dentro* de algo (*identificação*)	O espectador é colocado *em face* de algo
7. Age por meio de *sugestão*	Age por meio de *argumentos*
8. Os *sentimentos* são conservados	O espectador é impelido a efetivar atos de *conhecimento*
9. O espectador *identifica-se*, convive	O espectador permanece *em face de*, estuda
10. O homem é pressuposto como *conhecido*	O homem é *objeto de pesquisa*
11. O homem é *imutável*	O homem é *mutável* e vive mudando
12. *Tensão* visando ao *desfecho*	*Tensão* visando ao *desenvolvimento*
13. Uma cena pela outra (*encadeamento*)	Cada cena *por si*
14. Crescimento (*organismo*)	*Montagem*
15. Acontecer *linear*	Acontecer em *curvas*
16. Necessidade *evolutiva*	*Saltos*

17. O homem como ser *fixo*	O homem como *processo*
18. O *pensamento* determina o ser	O *ser social* determina o pensamento
19. *Emoção*	*Raciocínio*

No entanto, seria injusto simplificar Brecht ao ponto de citá-lo em apenas um momento de sua trajetória. Brecht não pode ser assim congelado, pois sua teoria, que caminha a par com sua prática, é comumente modificada; nenhum homem de teatro demonstrou maior desprezo pela coerência pura e apreço pelos resultados vivos no teatro daquilo que se propunha fazer *em* teatro.

Assim, Brecht jamais deixou de recorrer à *ação dramática* em suas peças (e estamos tomando umas e outras, ou seja, não nos estamos atendo às mais didáticas, ou às mais expressionistas, ou às da fase final). O conflito, podemos dizer, sempre aparece em suas obras; em *A Boa Alma de Sé-Tsuan*, uma espécie de conflito interior objetivado: Shen Té e Shui Tá são as duas faces de uma mesma pessoa, que se concretizam em dois personagens, mas também se vê o conflito entre Shen Té-Shui Tá e a sociedade que quer explorá-la (e a demonstração da impossibilidade da bondade no nosso mundo – enquanto a organização social atual é exatamente a história do conflito entre o ser humano e as condições sociais adversas); *Galileu Galilei* é a história do cientista que, se disser a sua verdade, correrá o risco de ser sacrificado pelo Poder. Galileu, pressionado, opta por salvar-se e salvar a sua verdade, mentindo. Novamente vontade, opção, conflito, ação. Em *O Círculo de Giz Caucasiano*, o conflito aparece claro; sempre que se coloca em cena uma situação de julgamento, é porque a colisão é evidente. Em *Mahagonny*, as personagens principais querem ter prazer e fazer dinheiro – e o dinheiro, a ausência ou a posse do ouro é o obstáculo ao seu desejo de felicidade; em *O Senhor Puntila*, novamente se coloca a impossibilidade da bondade e o conflito entre duas partes do mesmo personagem: Puntila precisa se embriagar para ser bom – Puntila embriagado é, de certa forma, Shen Té, e enquanto sóbrio é Shui Tá. Novamente o conflito interior objetivado, novamente o conflito do personagem com o mundo, a sociedade tal como é (e necessitada urgentemente de modificação, como repete Brecht).

Várias vezes disse Brecht que jamais lhe passara pela cabeça afastar do seu teatro a ideia do divertimento; também que não lhe ocorria desprezar a emoção como elemento valioso de contacto com o público. Assim, enquanto aponta a *narração* como forma de realização do teatro épico, Brecht abre caminho à ação para o, digamos, convencional de suas peças. Seu teatro é, no conjunto, evidentemente, teatro épico; a sua organização, a sua construção, o seu mundo são épicos; mas a ação dramática não foi totalmente posta à margem (vejam-se certas peças inteira ou quase inteiramente *dramáticas* – *Os Fuzis da Senhora Carrar*, por exemplo). Isso não transforma o teor total do seu teatro, nem lhe altera os objetivos didáticos, para os quais nenhum limite deve ser imposto. Mas enriquece as suas possibilidades: Brecht, literalmente, *não se detém diante de nada*, nem de uma teoria desprezível como a de Aristóteles... Embora narre, seu teatro aceita a ação e se serve dela; ainda que faça do espectador observador, a verdade é que também o envolve (senão, não conseguiria fazê-lo observar). Força-o a tomar decisões, provoca nele a vontade de ser ativo, porque lhe possibilita ter emoções... que lhe *gastem* a atividade, isso é outro assunto.

O espectador, vivenciando, acaba por *ver*; os argumentos lhe chegam *embrulhados* da melhor maneira possível (em emoções, ações, sugestões etc.). Ele *conhece*, sem que lhe sejam sacrificados os sentimentos, e ele estuda enquanto convive.

Se no teatro aristotélico o homem é dado como conhecido, segundo Brecht, estamos em face de uma muito longa discussão; não sei se ela caberia aqui. É claro que, nesse passo, está Brecht referindo-se à metafísica e à lógica aristotélica, baseadas na teoria da identificação, do terceiro excluído, na existência de uma lógica formal infalível, a qual, uma vez preenchidos seus vazios com verdades exatas, acaba por levar à conclusão de novas e exatas verdades. Todos os homens são mortais; Sócrates é homem, logo Sócrates é mortal. O ser é e o não ser não é. O homem tem uma essência e uma existência, e a sua essência é imutável.

No entanto, existem *ato* e *potência*; o homem traz em *si* potências que se podem atualizar e isso, parece-me, gera movimento. Pode-se conceber o homem em sua essência imutável, mas que se modifica historicamente, que, aliás, se modifica fatalmente. Deveríamos prosseguir?

A relação estabelecida por Brecht entre forma dramática e forma épica, e consubstanciada em dezenove itens, aliás, se mostra algo confusa. Ela mistura, de qualquer modo, itens formais a itens de conteúdo (se assim se pode dizer). Desta maneira, por exemplo, os itens 1, 12, 13, 14, 15 e 16 são puramente formais. Dizem respeito ao modo de construção da peça épica de teatro, a qual deve se desenvolver através de *narração*, deve manter uma *tensão* visando ao desenvolvimento (e não ao desfecho), deve montar cada cena individualmente, deve ser feita pela montagem dessas cenas, deve acontecer em curvas, e não linearmente, deve proceder por saltos (ou pode acontecer por saltos). Estes são modos de fazer da peça épica, na qual se tentará atingir o espectador da maneira descrita nos demais itens.

Naturalmente, se fosse o caso, caberiam aqui análises mais cuidadosas e acuradas da dramaturgia brechtiana. Parece-me, no entanto, que, com as observações já feitas, ficou demonstrado não o caráter de dramática rigorosa dessa dramaturgia, mas sim a existência, nesse teatro épico, de grande quantidade de elementos de cunho dramático – ou mesmo de alicerces dramáticos aristotélicos para a construção de uma casa épica!

E o mesmo poderia ser dito para o caso dos demais dramaturgos citados nesse passo; nem Buechner, nem Wilder, nem Claudel constroem uma obra da qual os elementos de dramática pura estão ausentes. Mas, para que a discussão avance, ao menos uma das obras aqui citadas merece análise. É o que faremos.

ANÁLISE DE UM TEXTO DO TEATRO ÉPICO

O livro de Cristóvão Colombo (1927)

O drama de Paul Claudel (*Le Livre de Cristophe Colomb* – publicado pela Librairie Gallimard em 1935) está dividido em duas partes, e as cenas (dezoito na Primeira Parte, um Entreato e oito na Segunda Parte), com seu conteúdo aproximado, são as seguintes (conforme o texto publicado em português pela Editora Vozes)[50]:

PARTE I

1. *Processional*

Entra uma procissão, trazendo o Livro; entram o Coro e o Explicador.

---

[50] CLAUDEL, Paul. *O Livro de Cristóvão Colombo*. Trad. Helena Pessoa. Petrópolis: Ed. Vozes, 1967.

2. *Oração*
O Explicador pede a Deus que o ajude a contar o Livro.

3. *E a Terra era informe e nua*
O público tem a visão de um globo terrestre (com o auxílio de uma projeção cinematográfica).

4. *Cristóvão Colombo na Estalagem*
Aparece Cristóvão Colombo, velho e doente, que dependura na parede da estalagem as correntes com que havia sido preso em sua última viagem.

5. *Cristóvão Colombo e a Posteridade*
A Posteridade chama Cristóvão Colombo, que abandona seu ser velho e avança.

Aparece o seu Opositor.

6. *As Quatro Contradanças*
Aparecem a Inveja, a Ignorância, a Vaidade e a Avareza, que dançam. O Opositor defende o Rei da Espanha, enquanto o Defensor acusa todos os burocratas e defende Cristóvão Colombo. Este, presente, explica o sentido de seu nome.

7. *Irrompem as pombas*
Os personagens da contradança fogem.

8. *A Corte de Isabel, a Católica*
Isabel, ainda criança, recebe de presente uma pomba, prende-lhe um anel na pata e a solta.

9. *A pomba acima do mar*
O voo da pomba.

10. *A vocação de Cristóvão Colombo*
Cristóvão Colombo, em Gênova, está dividido entre ficar com a sua família e viver tranquilamente ou partir à aventura. Esse conflito interno é objetivado pela divisão do personagem. Colombo 1 e Colombo 2 dialogam, colocando as duas posições, reforçadas pelos demais personagens. Afinal, Colombo 2 resolve partir. Sua irmã recebe a visita de uma pomba, que tem preso ao pé um anel. A moça dá a Colombo esse anel.

11. *Cristóvão Colombo na extremidade da Terra*
Depois de algumas viagens, Colombo encontra, nos Açores, um velho marinheiro, semimorto, e tenta fazê-lo falar sobre as terras do Oeste, sem se importar que ele esteja agonizante. O marinheiro morre sem desvendar o mistério; Colombo conclui que existe terra para o lado do Ocidente.

12. *Cristóvão Colombo e os seus credores*
O Explicador conta que Colombo chegou a Lisboa, que se casou e gastou todo o dinheiro da mulher. Os credores apertam Colombo. Guitarristas tocam e cantam. Os credores cobram. Colombo afirma que só poderá pagar se o Rei da Espanha lhe emprestar dinheiro para viajar e fazer fortuna.

13. *Cristóvão Colombo faz o cerco ao Rei*
Colombo procura falar ao Rei e enfrenta os cortesãos. É a

célebre cena da discussão com os sábios, possivelmente em Salamanca. Colombo suborna o Mordomo para conseguir chegar ao Rei.

14. *Isabel e Santiago*
A Rainha Isabel reza e São Tiago a inspira, mandando a auxiliar alguém a atravessar o oceano. São Tiago lhe diz que o anel posto um dia no pé da pomba agora está com Colombo.

15. *O Recrutamento para as Caravelas*
Percebe-se que Colombo conseguiu o dinheiro dos reis; agora, é o recrutamento para a viagem, mostrando-se a qualidade das gentes e o embarque.

16. *Os deuses fustigam os mares*
O Explicador apresenta os deuses americanos. Vê-se na tela a partida de Paios. Os deuses (e diabos) sacodem o mar.

17. *Cristóvão Colombo e os marujos*
Cena da revolta dos marinheiros. O Coro se lamenta. O Emissário apresenta as razões dos marinheiros. Colombo contrapõe-se a ele, lançando a culpa sobre Colombo 2, ironicamente. O Oficial concede três dias a Colombo. Surge a pomba, que anuncia a terra.

18. *O Redentor*
Toda a cena é a chegada à terra, vendo-se ainda as três caravelas.

PARTE II

Entreato
O Explicador conta ao público os fracassos posteriores de Colombo; vê-se que o Rei discute o caso.

1. *O Rei de Espanha e os Três Sábios*
Os personagens falam sobre Colombo e concluem que é preciso reverenciá-la, vigiá-lo e, finalmente, enterrá-la.

2. *Controvérsia*
Durante a cena anterior o Coro mostra-se descoordenado e confuso. O Explicador chama a atenção dos componentes do Coro, que se desentendem e se mostram descontentes pela ausência da grande cena triunfal do regresso da América. O Explicador justifica a omissão e conta que um indivíduo (do qual, significativamente, não se sabe o nome), substituto de Colombo nas novas terras, mandou o navegador de volta à Espanha.

3. *Cristóvão Colombo segura o mastro*
O Explicador conta que há tempestade e que Colombo está amarrado ao pé do mastro grande; Cristóvão Colombo está salvando o navio. O Comandante, secundado pelo Coro, pede-lhe que aguente, enquanto o Cozinheiro (que o acorrentou) incita-o a deixar que o barco afunde. Chega o 3º ataque da tempestade – olho do ciclone.

4. *A consciência de Cristóvão Colombo*

No momento de trégua que se segue, o Cozinheiro mostra a Colombo os homens que ele escravizou e as pessoas que sofreram por ele. Mostra-lhe, também, outros homens que, antes e depois dele, descobriram outros mares e terras e lhe diz que a América nem mesmo tem o seu nome.

5. *Cristóvão e Isabel*

O navio aporta e Colombo é libertado. Aparece um mensageiro da Rainha e Colombo, cheio de esperanças, percebe, afinal, que a Rainha morreu.

6. *A estalagem de Valladolid*

Volta-se, circularmente, ao início da peça, à estalagem da cena 4. O dono pede o pagamento a Colombo; este retruca oferecendo-lhe as correntes, mas pedindo a conservação da mula, sua última companhia. Há um diálogo entre as duas faces de Cristóvão Colombo. Abraço final.

7. *No paraíso da ideia*

Mesmo cenário da cena 8 da Parte I, que tem, agora, um tom irreal. Isabel pergunta por Colombo, e seu servo consegue descobri-lo na estalagem de Valladolid. Isabel manda chamá-lo, mas Colombo recusa vir. Oferece à Rainha a sua mula, que Isabel recebe.

8. *Aleluia*

Isabel chega ao Reino dos Céus na mula de Colombo. Pede a Deus pelo navegador. O Coro conta a história da pomba de Noé.

Abrem-se os portais e a Pomba voa, enquanto se vê a figura de um Grande Pontífice e se ouve o Coro cantando Aleluia.

Essa seria a decupagem feita segundo o próprio autor, conforme à sua própria construção; dessa maneira é que Claudel quis escrever o seu *livro*. Esta peça se caracteriza pelo seu tom, digamos, *cósmico*, pela sua ampla respiração, pela abertura dos seus espaços, pela abrangência e, às vezes, indefinição do seu tempo, que acompanha o personagem em toda a sua vida até *depois* da sua morte, e isso respeitando-se a *circularidade* já apontada. Dentro desse esquema foi que Claudel quis utilizar Coro, deuses e demônios, Explicador e Opositor, tela e projeção cinematográfica, cenários, panos de fundo, pintura e música. Enfim, foi assim que quis fazer o seu livro, a sua peça, épica, portanto.

Mas essa peça tem um esqueleto e, como defendemos, esse esqueleto obedece às leis da dramática rigorosa. Seguindo-se a linha dramática, portanto, a direção da ação principal, colocando-se a obra em sua ordem direta (se assim podemos dizer) teríamos o seguinte (indicadas as cenas por *letras*, seguidas pelas indicações originais em números):

PARTE I

A (4) – Na estalagem, Colombo, velho e doente, suspende à parede as correntes com as quais fora preso em sua última viagem de volta. Isso acontece pouco antes de sua morte (portanto, em 1508).

B (8) – A Rainha Isabel, ainda criança, em Maiorca, prende o seu anel ao pé de uma pomba. Trata-se já de um *flashback*. Isto ocorreria por volta de 1460 (Colombo e Isabel nasceram em 1451).

C (10) – Colombo resolve partir. Uma pomba chega à oficina de sua família, trazendo o anel de Isabel, que passa a pertencer a Colombo. Isso acontece pouco depois da cena anterior, supõe-se.

D (11) – Colombo, já adulto, encontra o marinheiro agonizante e adquire a certeza da existência de terra a Ocidente.

E (12) – Os credores cobram Colombo, em Lisboa. Ele precisa urgentemente de dinheiro para viajar e resolve procurar os reis da Espanha.

F (13) – Colombo se aproxima do Rei, subornando o Mordomo.

G (14) – A Rainha Isabel é aconselhada por São Tiago a ajudar Colombo.

H (15) – Tendo Colombo conseguido o auxílio dos reis, passa a procurar marinheiros para as caravelas.

J (17) – Na viagem de 1492, os marinheiros se rebelam e dão três dias de prazo a Colombo. Dentro desse prazo, avista-se a terra.

PARTE II

A (1) – Depois de descoberta a América, vê-se que o Rei da Espanha é contrário a Colombo.

B (3) – Colombo, na sua última viagem, é amarrado ao mastro.

C (5) – Colombo chega à Espanha, pondo suas esperanças na Rainha Isabel, que, no entanto, está morta (isso ocorre em 1504).

D (6) – Volta à estalagem do início, onde o dono cobra Colombo, que lhe oferece em pagamento as correntes. O homem recusa e pede a mula.

E (7) – No Paraíso da Ideia: Isabel entra nos céus, cavalgando a mula de Colombo, já morto em Valladolid (novamente ano de 1508).

Está feita, já agora, a eliminação (apenas para estes fins, é claro) das cenas em que a ação propriamente dita *não caminha*, mas em que, naturalmente, outros elementos são trazidos a compor o universo da peça. Ora, a ação da peça, vista do ângulo de quem ignorar deliberadamente o épico, é continuada e progressiva. Ela cresce à base da vontade constante de seu herói, dos conflitos em que ele se envolve e dos obstáculos com que se defronta. De fato, a cena "A", nesse tipo de leitura (e que é a

48, efetivamente, na peça), se passa na estalagem de Valladolid em que Colombo vai morrer. Tomando-se esta cena como ponto de partida, as demais constituem um longo *flashback* continuado. Vejamos novamente:

PARTE I

B (8) – Em Maiorca, sendo Isabel, a Católica, ainda uma criança. Colombo, a esta altura, é também um menino, como ficou dito. Isabel prende o seu anel ao pé de uma pomba (uma *colombe)*.

C (10) – Possivelmente concomitante ou pouco posterior. A pomba chega à oficina de sua família, onde trabalha o jovem Colombo. O rapaz está hesitando entre partir e ficar com a família. Opta por partir. Seu conflito interior é objetivado (e esse é um dos mais claros elementos épicos do texto) pela bipartição da personagem: Colombo 1 e Colombo 2. Além do mais, ele é instado a ficar pela irmã, que representa a família. A irmã dá o anel de Isabel a Colombo e estabelece a ligação entre a Rainha e o irmão.

D (11) – Colombo, já adulto, procura extrair do velho agonizante informações sobre o Novo Mundo. O marinheiro morre, mas o navegador passa a ter maior certeza da existência de terra a Ocidente.

E (12) – Os credores apertam Colombo. Sua vontade de descobrir o Novo Mundo enfrenta o grave obstáculo da falta de recursos. Ele se conflitua com seus credores e declara que só com o dinheiro do Rei da Espanha conseguirá pagá-los. Pretende ir procurar o Rei; sua vontade, firme, é declarada.

F (13) – Colombo procura o Rei. Encontra os sábios e os cortesãos. Conflito entre as ideias de Colombo e as dos sábios. Por fim, aparentemente vencido, Colombo suborna o Mordomo a fim de chegar até o Rei.

G (14) – A Rainha Isabel, ao fazer suas orações, é inspirada por São Tiago; instada a auxiliar Colombo, ela toma consciência de que o genovês é, agora, o dono de seu anel. Trata-se, literalmente, da intervenção de um deus *ex machina*, a facilitar o objetivo de Colombo, removendo de seu caminho um grave obstáculo. É claro que o simples fato de poder chegar ao Rei não garantiria a Colombo o sucesso, sem o auxílio de Isabel (auxílio que é preparado na cena "B").

H (15) – Conseguido o auxílio em dinheiro e em naus, Colombo já procede ao recrutamento. Mostra-se a maneira de proceder para conseguir marinheiros.

I (16) – Os deuses americanos fustigam o mar de modo a produzir tempestades. Obstáculo (mais um dos muitos) ao prosseguimento da viagem.

J (17) – Os marinheiros se rebelam contra Colombo. Conflito declarado entre o almirante e os marinheiros, vencido pela habilidade de Colombo e pela chegada à terra.

PARTE II

A (1) – Vê-se que o Rei está contra Colombo e aceita a ideia de sua morte.

B (3) – Colombo, em sua última viagem, de volta à Espanha, é acorrentado ao mastro grande, como resultado da malquerença do Rei e da inimizade do homem que foi posto como administrador das Índias Ocidentais; preso ao mastro, Colombo como que sustenta o barco; enquanto alguns lhe pedem que continue a sustentá-lo, o Cozinheiro (que o acorrentou) incita-o a deixar tudo. Conflito entre o Cozinheiro, o Comandante e o Coro, conflito entre Colombo e os demais.

C (5) – Colombo chega à Espanha. Sua esperança de salvação é a Rainha Isabel. Colombo toma ciência de de que a Rainha morreu, à vista do seu enterro.

D (6) – A ação volta à estalagem do início. Colombo vai morrer e o dono da casa lhe cobra a hospedagem. Colombo oferece ao dono as correntes com que veio preso da América. Elas são recusadas. O homem quer a mula, que Colombo tenta conservar.

E (7) – Enquanto a Rainha Isabel, já morta, está no "Paraíso da Ideia", vê-se que Colombo morreu em Valladolid, sem atender às ordens da Rainha, que o chamava para acompanhá-la. Em compensação, Isabel recebe a mula, com a qual entrará no reino dos céus.

Pela ordem proposta, vê-se que a ação é conduzida, quase totalmente, pela vontade de Colombo. É ele quem decide deixar sua casa e sua terra para procurar o Novo Mundo. Depois, já casado e arruinado, decide procurar os reis de Espanha. É ele quem suborna o Mordomo para aproximar-se do Rei. O auxílio da Providência, na figura de São Tiago (que chamei deus *ex machina*) está dentro do espírito da peça e do autor, e é, naturalmente, com uma infinidade de outros detalhes, característica do teatro épico. Claudel expõe com clareza o caráter de sua obra: Cristóvão Colombo, "a pomba que leva Cristo", a pomba de Noé (a qual voltou em três dias, os mesmos que foram dados a Colombo antes da chegada à América), também a pomba do Espírito Santo (curiosamente, não a pomba da Paz, criação de Picasso e pertencente a um mundo de esquerda, anti-Claudel), Cristóvão Colombo, eu dizia, é o instrumento de Deus para a descoberta do Novo Mundo e para o alargamento dos domínios da Cristandade. Por isso é auxiliado por São Tiago, pela pomba, pela Providência. Tal fato, evidentemente, *anularia*, a um primeiro olhar, a necessidade de um personagem atuante, ativo, com vontade, enfrentando obstáculos etc. Quem é ajudado por Deus, supõe-se, pode tudo e, afinal, vencerá. Mas será que é assim? A própria visão cristã do livre-arbítrio combinado com a ideia da presciência divina nos autoriza a concluir que, embora conduzido por Deus, o Homem precisa, também, conduzir-se. "Ajuda-te que Deus te ajudará" seria, assim, um ditado popular perfeitamente adequado a essa situação.

Colombo é o *mocinho*, o Super-Herói, que sempre vence, mas é, ao mesmo tempo, o homem, o frágil mortal por fim consumido pelo Tempo e pela terra.

É sabido que as peças feitas sobre a Paixão de Cristo devem ter eficácia dramática a *despeito* do fato de ser o seu final (infeliz) conhecido por todos. Aqui acontece o mesmo, ou seja, o que acontecia com os mitos gregos, também: dentro da nossa civilização ocidental, todos (pelo menos todos os espectadores potenciais de teatro) sabemos que Colombo descobriu a América e que, apesar de um fim de vida infeliz, passou à História. Mais uma vez, não é o *que* acontece que vai nos interessar, mas sim *como* acontece.

Ora, Claudel era bastante dramaturgo para saber que, apesar de seus superpoderes (digamos, um pouco de brincadeira), Colombo tinha de ter explorado o seu lado humano, enquanto personagem (como Cristo, ao qual se aparenta, sem dúvida – veja-se a cena do mastro). O personagem Colombo se casa, é infeliz, di lapida os bens da mulher, contrai dívidas, engana marinheiros e os sacrifica, escraviza e mata índios, e os rouba, é insensível quando lhe interessa; por outro lado, Colombo é ambicioso, corajoso, audaz, orgulhoso, forte, digno, persistente... e, acima de tudo, tem a visão do futuro e sabe conquistá-lo – além de ter, é claro, enorme dose de sorte...

Portanto, ainda que o lado mítico do personagem Colombo seja o de um super-herói auxiliado pelos deuses, o seu lado humano é o de um homem pobre, escarnecido, injustiçado, condenado, morto na miséria. Os obstáculos que surgem no seu caminho são efetivamente sérios, grandes, ponderáveis, e são as suas qualidades humanas que também lhe valerão para safar-se deles.

Assim, conquanto seja a intervenção da Rainha Isabel (que é, também, um instrumento divino) determinante para o resultado final, é Colombo quem conduz o movimento dramático da peça.

O conflito principal do texto parece ser o que ocorre entre Colombo – que é o espírito do Novo, da Criação, do Movimento – e a Inércia: a situação, o estático – força concretizada num grupo variado de personagens. Colombo pretende *descobrir, inventar*, no sentido mais amplo da palavra, e os seus oponentes coligados querem, por medo, interesse ou pura preguiça, que o que é encoberto permaneça encoberto. Trata-se do conflito entre uma pessoa e um grupo – ou entre uma pessoa e uma força, conforme se queira ver. Naturalmente, esses oponentes de Colombo se vão sucedendo, à medida que a peça avança, e são o Estalajadeiro, o Opositor, os Credores, os Cortesãos, os Marinheiros, o Emissário, o Oficial, o Rei e os Sábios, o Governador das Índias, o Cozinheiro etc. Colombo tem a seu lado a Irmã, o Defensor, a Rainha, o Mordomo, por algum tempo o Rei etc.

No entanto, esse mundo pequeno é coroado por outra ordem: a do sobrenatural. Nesta, os deuses pagãos do Novo Mundo (que são uma espécie de demônios) criam a tempestade que porá em perigo a viagem de Colombo. Essa viagem, por sua vez, foi facilitada pela intervenção de São Tiago (ele próprio um Viajante). Assim, vemos ídolos pagãos contra santos cristãos – mais um conflito, em outro nível, naturalmente.

E assim, como ficou dito, a peça avança à força da resolução dos conflitos e da superação dos obstáculos por Colombo: primeiro, a decisão de sair de casa para aventurar; depois, a decisão de procurar auxílio junto aos reis; a consecução desse auxílio, a partida com as caravelas. O obstáculo representado pelo desespero dos marinheiros e pela fome é suplantado pelo personagem e sua crença: avista-se terra. Está descoberto o Novo Mundo, e cumprida a *vontade principal* do herói. As demais coisas são as consequências do seu triunfo: a inveja, a desgraça e a morte.

Em cada um desses momentos de colisão houve um instalar-se do conflito, um desenvolvimento, intensificação, variação quantitativa; depois, a mudança de qualidade da ação, ou salto qualitativo: a ação passa a ser outra, outra coisa acontece, os acontecimentos mudam de rumo, *deu-se a síntese*.

Um bom exemplo de conflito com desenvolvimento, variação quantitativa, salto qualitativo, está na cena 17 da Parte I da peça (Cristóvão Colombo e os marujos):

Momento 1 – Colombo recebe um emissário dos marinheiros. A situação está aparentemente equilibrada, embora tensa. O Emissário coloca as queixas dos marinheiros, dizendo que estes querem voltar, o que, evidentemente, Colombo não quer. Instala-se o conflito.

Momento 2 – Colombo lembra ao Emissário os compromissos assumidos pelos marinheiros e fala do sangue de suas assinaturas. O conflito se intensifica porque um novo argumento foi lançado.

Momento 3 – Os marinheiros suplicam e Colombo zomba deles, o que os irrita. Variação quantitativa do conflito.

Momento 4 – Colombo diz que jogou ao mar a bússola e os homens se aterrorizam. Colombo zomba cada vez mais, os homens se humilham, ele os provoca até que se encolerizem. O Oficial, então, dá um ultimato a Colombo: esperarão três dias. Pelo lado dos marinheiros, a vontade chegou a seu ponto máximo. Colombo aceita o desafio, manda exaurir os víveres e joga com a sorte. Chegou-se ao ponto crítico do conflito, a quantidade é a maior possível naquelas circunstâncias. Alguma coisa deve acontecer.

Momento 5 – Um marinheiro anuncia *terra*. Variação. A rebelião dos marinheiros e a espera de Colombo se resolvem em uma terceira posição, que é a do júbilo pela descoberta, posição esta que, naturalmente, estava contida nas duas anteriores. Não se trata, é bom que se diga, de uma solução puramente casual. A chegada à terra corresponde à escolha de Colombo, aos seus cálculos, à sua opção, à sua vontade constante, à sua resistência no tocante à rebelião, à aceitação (e consecução) do prazo final. A descoberta da nova terra não é, assim, acontecimento fortuito, mas uma confirmação da certeza e da segurança de Colombo.

Deste ponto em diante, não só a qualidade da ação, mas a qualidade do mundo passa a ser outra.

CONCLUSÕES

"Ao lírico é impossível exilar-se de si mesmo, alhear-se da sua interioridade a fim de se *outrar*, como diria Fernando Pessoa, a fim de criar seres e coisas que alcancem um subido grau de distanciamento em relação ao sujeito individual."
(Vitor Manuel de Aguiar e Silva)

1. Inicio, propositadamente, estas conclusões com a citação extraída de Vitor Manuel de Aguiar e Silva[51], segundo a qual, ao poeta lírico, é impossível *outrar-se*, sair de seu mundo subjetivo, objetivar-se, atingir, enfim, o equilíbrio ideal que, a certa altura deste trabalho, apontamos como o desejável para a

---

[51] SILVA, Vitor Manuel de Aguiar e. *Teoria da Literatura*. Coimbra: Livraria Almedina, 1973.

consecução de uma boa peça de teatro. Essa dificuldade, esse problema aparentemente insolúvel, impediria que o poeta lírico se aproximasse do drama com êxito. Mas seria isso verdade? O fato de termos analisado já, neste trabalho, a obra bem-sucedida de um poeta da cena (Paul Claudel) nos autorizaria a dizer que não. O poeta lírico determinado a buscar fora de si mesmo o drama de sua transcendência terá as mesmas oportunidades (e correrá os mesmos riscos) que qualquer autor.

Por outro lado, é claro que ninguém é lírico, ninguém é coisa alguma em estado puro. Existem, é certo, poetas tão mergulhados no seu mundo subjetivo que correm o risco do hermetismo. Existem outros, no entanto, que conseguem sair de si mesmos até o ponto de observar o mundo e tentar a sua reprodução de forma um pouco mais objetiva, mais próxima do viver cotidiano. Muitos poetas líricos, em suma, fizeram o drama. Os mais bem-sucedidos sobreviveram em ambos os gêneros. Inútil será enumerá-los. Os que não conseguiram realizar-se em ambos os gêneros ou são lembrados por um, ou por outro. Em casos extremos, por nenhum... Mas, quando diz, na epígrafe, que, ao *lírico, é impossível exilar-se de si mesmo*, é claro que o autor fala em casos os mais próximos possíveis da pureza. A realidade existe, e Garcia Lorca não nos deixa mentir. Valha, no entanto, a observação, para que se expliquem, ao mesmo tempo, as dificuldades e o tamanho do desafio que um poeta lírico enfrenta quando, por ambição e amor ao Teatro, ousa escrever dramas.

2. Parece-me fatal que, ao fazer Teatro, um poeta (lírico) tenha, sem consciência, a princípio, conscientemente, mais tarde,

a tendência de fazer *teatro poético*. Partindo de minha própria experiência, posso dizer que, preparada por um curso de dramaturgia, advertida de minha tendência intimista, reagi, para cumprir as regras, por um *excesso de objetividade*. Era indispensável, pensava eu, criar ação (criando, na verdade, *movimento*), inventar acontecimentos, incidentes, conflitos, colisões, até físicas. Dentre as duas opções do teatro *excessivamente movimentado* (o dramalhão e a farsa), escolhi a farsa. Assim, minha primeira peça de duração normal, *O Crime da Cabra*, é uma farsa marcada pelo excesso de objetividade. Quase tudo está virado para fora, é exterior, sem motivação subjetiva, sem muita alma, como, aliás, o próprio gênero exige. Acho que não enveredei para o drama menor por pudor, ou por uma real valorização dos movimentos da alma. Os eventos cômicos não mereciam, de mim, tanto respeito. Ademais, sempre gostei de rir e de fazer rir.

Assim, o *teatro poético* começou em mim pelo medo de fazê-lo e pelo esforço em contrariá-lo, pelo menos nas peças que eu considerava escritas para o palco. Já *O Exercício da Justiça*, que me parecia realmente um *exercício* e que eu mesma dirigi – era uma brincadeira *minha* –, vale-se de recursos poéticos, sem dúvida. A peça toda é uma grande metáfora, e os personagens são, em boa parte, subjetivos, voltados para dentro, para seus próprios conflitos. Mas era um trabalho, já no seu nascedouro, marginal, o que se chamaria *experimental*.

Depois, passando por tentativas de toda espécie, comecei a perceber que, longe de ser um erro de dramaturgia, o teatro poético, o teatro de um poeta que faz teatro, era apenas o mais legítimo teatro do mundo. Que outra coisa era a tragédia grega?

Que outra coisa era Shakespeare? Sem entrar em questões de qualidade, mas apenas de gênero, estava ali a resposta: um teatro objetivo, de ação, de progressão dramática, mas cheio de subjetividade, de recursos poéticos, de lirismo – e não lirismo posto, é claro, nas palavras do texto, em possíveis versos, de vez que algumas das mais prosaicas peças do mundo foram feitas em versos, mas sim de legítima *poesia*; poesia-metáfora, poesia-recriação de mundo, visão de mundo, descoberta.

É muito difícil, em geral, para o próprio poeta, falar sobre poesia. Aliás, bem poucas coisas ditas sobre a Poesia me têm convencido. Da mesma forma, falar sobre a Poesia no Teatro é falar de um mistério posto no claro mundo da cena.

No entanto, poder-se-ia dizer que, sendo a Poesia uma forma de enfocar indiretamente a realidade, uma forma de expressar metaforicamente um conteúdo, forma essa submetida à ótica de um *eu* (no lirismo), essas características podem ser transpostas ao Teatro. Nesse caso, a metáfora invade toda a cena; não se trata de usá-la apenas na palavra do diálogo, mas sim em todos os recursos do espetáculo; um cenário e um figurino podem ser metafóricos. Se a poesia quer *sugerir*, deve sugerir no palco; aliás, não é outra coisa que faz o expressionismo, por exemplo, onde todos os elementos do texto (dialogado ou narrativo) e do espetáculo são criados de molde a sugerir ou expressar algum sentimento.

Não se deve, porém, é claro, esquecer a concentração, a unidade, a objetivação, a evolução posta no diálogo, o caminhar constante e irreversível; trata-se, enfim, de manter o equilíbrio indispensável entre subjetivo e objetivo, e, por outro lado, utilizar a poderosa força sugestiva da Poesia para *enriquecer* (e não retardar ou bloquear) o caminhar da ação dramática.

3. Voltamos aqui, assim, a tocar no problema da pureza dos gêneros: quanto mais puramente dramática for uma peça, menos poderá ela ser lírica, é claro. Assim, também, como foi dito anteriormente, o lirismo no drama tem uma função épica: embora esteja sujeito às finalidades maiores da concentração dramática, o lirismo pede um certo deter-se, uma pausa. As paredes que crescem, na peça *O Anjo Negro*, de Nelson Rodrigues, querem criar e efetivamente criam a impressão de enclausuramento, de solidão e de isolamento do mundo exterior. São uma indicação poética do autor relativa ao cenário e constante das rubricas. Não estão no texto falado, ou seja, no diálogo. São indicações que, realizadas, atingem o espectador visualmente. Não são propriamente ação, mas servem para criar um clima; indicam uma *mudança*, dão conta de um dinamismo expresso em elementos extraverbais.

Assim poderá acontecer com quaisquer dos elementos constitutivos de um texto e de um espetáculo. *Até mesmo* com a palavra falada, é claro. O cuidado excessivo em ressaltar as outras formas de utilização da Poesia está em que não se restrinja o poeta à palavra do diálogo.

4. Portanto, o que pode o Poeta tentar é, por meio de um texto de cunho épico, não rigorosamente dramático, fazer valer a Poesia, nas formas possíveis dentro das circunstâncias. Usar o caminho curto e incisivo da aproximação metafórica (como quer

que ela se chame tecnicamente, e isso não importa: está nos livros) e, sem esquecer a objetividade dramática, sem esquecer o caminhar constante e irreversível, fazer valer a Poesia num esforço de síntese. Assim, dramático mais lírico seria igual a Teatro.

5. Restaria, finalmente, uma observação: é essencial: é essencial que, ao avaliar este trabalho, não reste ao leitor a impressão de que, obedecidas algumas regras e seguidos alguns ensinamentos, pode-se sempre fazer bom teatro. Nunca nos passou pela cabeça recomendar a *peça bem-feita*. Claro está que, na verdade, o único que importa é o resultado final, seja qual for o caminho seguido. Se o artista, por meio de um trabalho absolutamente desvinculado de tudo o que até agora foi feito, absolutamente novo, conseguir um bom resultado, está perfeito. O objetivo foi alcançado, e as regras de Dramaturgia podem voltar aos seus livros. O difícil é aferir-se esse *bom resultado*. Teríamos de voltar às perguntas já anteriormente feitas: que é esse bom resultado? Que é o prazer que nos deve ser dado pelo Teatro? O Teatro deve mesmo dar prazer? Que é o Teatro? Que é a Arte?

Se, portanto, alguém, por um caminho absolutamente inédito, concluir que *dois mais dois são quatro*, o resultado será correto. Mas é claro que seria mais fácil seguir a tabuada; ninguém precisa perder tempo inventando a roda, ela já está inventada. Será melhor e mais produtivo, simplesmente, utilizá-la para rodar mais. Agora, se alguém um dia descobrir que dois mais dois são cinco e prová-lo, o remédio é jogar fora a tabuada. E estar sempre pronto a aceitar a novidade (se devidamente comprovada).

Mas como se comprova o acerto de uma obra de arte? Do ponto de vista formal, estabelecidas certas regras, restaria aceitá-las e buscar que sejam cumpridas. Mas, e o conteúdo? O que é dito numa peça de teatro muitíssimo bem estruturada nos interessa, nos agrada, nos emociona? E é isso que pretendia essa peça?

É isso que pretende o Teatro? O resultado artístico, o resultado de qualidade, do texto ou do espetáculo que dele venha a ser feito, é, realmente, o que importa, afinal.

INDICAÇÕES PARA LEITURA

Aristóteles, *Arte retórica e arte poética*. São Paulo: Difusão Europeia do Livro, 1959.

Ball, David. *Para trás e para frente*. São Paulo: Ed. Perspectiva, 1999.

Brecht, Bertold. *Estudos sobre teatro*. Lisboa: Portugália Editora, 1964.

Carlson, Marvin. *Teorias do teatro*. São Paulo: Ed. Unesp, 1995.

Clark, Barrett H. *European theories of the drama*. Nova Iorque: Crown Publishers, 1959.

Girad, Gilles. *O universo do teatro*. Coimbra: Livraria Almedina, 1980.

Gouhier, Henri. *La obra teatral*. Buenos Aires: Eudeba, 1961.

Hegel. *Estética. Poesia*. Lisboa: Guimarães Editores, 1964.

Huppes, Ivette. *Melodrama*. São Paulo: Ateliê Ed., 2000.

Magaldi, Sábato. *Iniciação ao teatro*. São Paulo: Ed. DESA, 1965.

Meyer, Marlise. *Folhetim*. São Paulo: Companhia das Letras, 1996.

Pallottini, Renata. *Dramaturgia: construção do personagem*. São Paulo: Ed. Ática, 1989.

Pavis, Patrice. *Dicionário de teatro*. São Paulo: Ed. Perspectiva, 1999.

Rosenfeld, Anatol. *O teatro épico*. São Paulo: DESA, 1965.

____. *Texto e contexto*. São Paulo: Ed. Perspectiva. 1969.

Ryngaert, Jean-Pierre. *Introdução à análise do teatro*. São Paulo: Ed. Martins Fontes, 1996.

____. *Ler o teatro contemporâneo*. São Paulo: Ed. Martins Fontes, 1998.

Souriau, Etiénne. *As 200.000 situações dramáticas*. São Paulo: Ed. Ática, 1993.

Szondi, Peter. *Teoria del drama moderno*. Barcelona: Ediciones Destino, 1994.

Ubersfeld, Anne. *Semiotica teatral*. Madri: Ed. Cátedra, 1993.

SOBRE A AUTORA

Renata Pallottini nasceu em 1931, em São Paulo, cidade onde fez seus primeiros estudos. Formou-se, posteriormente, em direito pela Universidade de São Paulo (USP) e em filosofia pela Pontifícia Universidade Católica (PUC). Estudou dramaturgia na Escola de Arte Dramática de São Paulo (EAD). É professora doutora aposentada na Escola de Comunicações e Artes (ECA) da USP, onde ministra aulas em pós-graduação.

Publicou suas primeiras obras na década de 1950; iniciou a carreira literária escrevendo poesia e teatro. Recebeu vários prêmios, entre eles: Prêmio do Pen Clube do Brasil, Prêmio Cecilia Meirelles e UBE em Poesia; Prêmio Anchieta, Prêmio Governador do Estado e Molière de Teatro; e outros pelo trabalho como tradutora e redatora de Televisão.

Suas obras mais recentes: *Obra poética* (Ed. Hucitec, 1996, SP), *Um calafrio diário* (Ed. Perspectiva, 2002, SP). *Nosotros* (romance, Ed. Brasiliense, 1989, SP – traduzido e publicado em francês pela Ed. Harmattan, Paris), *Ofícios & amargura* (romance, Ed. Scipione, 1998, SP), *As três rainhas magas* (infantil, Ed. Brasiliense, 2001, SP) e *Colonia Cecília* (Ed. Letralivre, 2000, Rio).

Coleção Primeiros Passos
Uma Enciclopédia Crítica

- ABORTO
- AÇÃO CULTURAL
- ADMINISTRAÇÃO
- AGRICULTURA SUSTENTÁVEL
- ALCOOLISMO
- ANARQUISMO
- ANGÚSTIA
- APARTAÇÃO
- APOCALIPSE
- ARQUITETURA
- ARTE
- ASSENTAMENTOS RURAIS
- ASTROLOGIA
- ASTRONOMIA
- BELEZA
- BIBLIOTECA
- BIOÉTICA
- BRINQUEDO
- BUDISMO
- CAPITAL
- CAPITAL FICTÍCIO
- CAPITAL INTERNACIONAL
- CAPITALISMO
- CÉLULA-TRONCO
- CIDADANIA
- CIDADE
- CINEMA
- COMPUTADOR
- COMUNICAÇÃO
- COMUNICAÇÃO EMPRESARIAL
- CONTO
- CONTRACULTURA
- COOPERATIVISMO
- CORPOLATRIA
- CRISTIANISMO
- CULTURA
- CULTURA POPULAR
- DARWINISMO
- DEFESA DO CONSUMIDOR
- DEFICIÊNCIA
- DEMOCRACIA
- DEPRESSÃO
- DESIGN
- DIALÉTICA
- DIREITO
- DIREITOS DA PESSOA
- DIREITOS HUMANOS
- DIREITOS HUMANOS DA MULHER
- DRAMATURGIA
- ECOLOGIA
- EDUCAÇÃO
- EDUCAÇÃO AMBIENTAL
- EDUCAÇÃO FÍSICA
- EDUCAÇÃO INCLUSIVA
- EDUCAÇÃO POPULAR
- EDUCACIONISMO
- EMPRESA
- ENFERMAGEM
- ENOLOGIA
- EROTISMO
- ESCOLHA PROFISSIONAL
- ESPORTE

Coleção Primeiros Passos
Uma Enciclopédia Crítica

ÉTICA
ÉTICA EM PESQUISA
ETNOCENTRISMO EVOLUÇÃO
DO DIREITO EXISTENCIALISMO
FAMÍLIA
FEMINISMO
FILOSOFIA
FILOSOFIA CONTEMPORÂNEA
FILOSOFIA MEDIEVAL
FÍSICA
FMI
FOLCLORE
FOME
FOTOGRAFIA GASTRONOMIA
GEOGRAFIA
GOLPE DE ESTADO
GRAFFITI
GRAFOLOGIA
HIEROGLIFOS
HIPERMÍDIA
HISTÓRIA
HISTÓRIA DA CIÊNCIA
HOMEOPATIA
IDEOLOGIA
IMAGINÁRIO
IMPERIALISMO
INDÚSTRIA CULTURAL
INTELECTUAIS

ISLAMISMO
JAZZ
JORNALISMO JORNALISMO
SINDICAL JUDAÍSMO
LAZER
LEITURA
LESBIANISMO LIBERDADE
LINGUÍSTICA
LITERATURA DE CORDEL
LITERATURA INFANTIL
LITERATURA POPULAR
LOUCURA
MAIS-VALIA
MARXISMO
MEDIAÇÃO DE CONFLITOS
MEIO AMBIENTE
MENOR
MÉTODO PAULO FREIRE
MORAL
MORTE
MÚSICA
MÚSICA SERTANEJA
NATUREZA
NAZISMO
NEGRITUDE
NEUROSE
NORDESTE BRASILEIRO

Coleção Primeiros Passos
Uma Enciclopédia Crítica

OLIMPISMO
PANTANAL
PARTICIPAÇÃO
PARTICIPAÇÃO POLÍTICA
PATRIMÔNIO CULTURAL IMATERIAL
PATRIMÔNIO HISTÓRICO
PEDAGOGIA
PESSOAS DEFICIENTES
PODER
PODER LOCAL
POLÍTICA
POLÍTICA SOCIAL
POLUIÇÃO QUÍMICA
POSITIVISMO
PÓS-MODERNO
PRAGMATISMO
PSICOLOGIA
PSICOLOGIA SOCIAL
PSICOTERAPIA
PSICOTERAPIA DE FAMÍLIA
PSIQUIATRIA FORENSE
PUNK
QUESTÃO AGRÁRIA
QUÍMICA
RACISMO
REALIDADE
RECURSOS HUMANOS
RELAÇÕES INTERNACIONAIS
REVOLUÇÃO
ROBÓTICA
SAUDADE
SEMIÓTICA
SERVIÇO SOCIAL
SOCIOLOGIA
SUBDESENVOLVIMENTO
TARÔ
TAYLORISMO
TEATRO
TECNOLOGIA
TEOLOGIA
TEOLOGIA FEMINISTA
TEORIA
TOXICOMANIA
TRABALHO
TRABALHO INFANTIL
TRADUÇÃO
TROTSKISMO TURISMO
UNIVERSIDADE
URBANISMO
VELHICE
VEREADOR
VIOLÊNCIA
VIOLÊNCIA CONTRA A
  MULHER
VIOLÊNCIA URBANA
XADREZ